Connected Mathematics 2

Datos sobre nosotros

Estadísticas

Glenda Lappan

James T. Fey

William M. Fitzgerald

Susan N. Friel

Elizabeth Difanis Phillips

PEARSON

Prentice
Hall

Boston, Massachusetts
Upper Saddle River, New Jersey

Connected Mathematics™ was developed at Michigan State University with financial support from the Michigan State University Office of the Provost, Computing and Technology, and the College of Natural Science.

This material is based upon work supported by the National Science Foundation under Grant No. MDR 9150217 and Grant No. ESI 9986372. Opinions expressed are those of the authors and not necessarily those of the Foundation.

The Michigan State University authors and administration have agreed that all MSU royalties arising from this publication will be devoted to purposes supported by the MSU Mathematics Education Enrichment Fund.

Acknowledgments appear on page 75, which constitutes an extension of this copyright page.

ISBN 0-13-133812-9

1 2 3 4 5 6 7 8 9 10   10 09 08 07 06

Autores de Connected Mathematics

(de izquierda a derecha) Glenda Lappan, Betty Phillips, Susan Friel, Bill Fitzgerald, Jim Fey

Glenda Lappan es Profesora Universitaria Distinguida del Departamento de Matemáticas de la Universidad Estatal de Michigan. Su campo de investigación es la interconexión entre el aprendizaje estudiantil de las matemáticas, y el crecimiento y cambio profesional de los maestros de matemáticas en relación con el desarrollo y aplicación de los materiales curriculares de los grados K a 12.

James T. Fey es Profesor de Curriculum e Instrucción y Matemáticas de la Universidad de Maryland. Su continuo interés profesional ha sido el desarrollo y la investigación de materiales curriculares que implican la participación de los estudiantes de la escuela media y secundaria en la investigación cooperativa basada en la resolución de problemas de ideas matemáticas y sus aplicaciones.

William M. Fitzgerald *(Fallecido)* fue Profesor del Departamento de Matemáticas de la Universidad Estatal de Michigan. Sus primeras investigaciones se centraron en el uso de materiales concretos para facilitar el aprendizaje estudiantil, aporte que condujo al desarrollo de materiales didácticos destinados al laboratorio. Más tarde, contribuyó a desarrollar un modelo de enseñanza para propiciar la experimentación matemática por parte de los estudiantes.

Susan N. Friel es Profesora de Educación de Matemáticas de la Escuela de Educación de la Universidad de Carolina del Norte en Chapel Hill. Sus intereses de investigación se centran en la enseñanza de estadística a los estudiantes de los grados medios y, más ampliamente, en el desarrollo y crecimiento profesional de los maestros en la enseñanza de las matemáticas de los grados K a 8.

Elizabeth Difanis Phillips es Especialista Académica Sénior del Departamento de Matemáticas de la Universidad Estatal de Michigan. Se interesa en la enseñanza y aprendizaje de las matemáticas tanto por parte de los maestros como de los estudiantes. Estos intereses la han conducido a desarrollar proyectos profesionales y curriculares para los niveles de escuela media y secundaria, así como proyectos relacionado con la enseñanza y el aprendizaje del álgebra en los distintos grados.

Plantilla de desarrollo de CMP2

Maestros colaboradores en residencia
Yvonne Grant
Universidad Estatal de Michigan

Ayudante administrativa
Judith Martus Miller
Universidad Estatal de Michigan

Producción y directora de campo
Lisa Keller
Universidad Estatal de Michigan

Apoyo técnico y editorial
Brin Keller, Peter Lappan, Jim Laser, Michael Masterson, Stacey Miceli

Equipo de exámenes
June Bailey y **Debra Sobko** (Escuela Intermedia Apollo, Rochester, Nueva York), **George Bright** (Universidad de Carolina del Norte, Greensboro), **Gwen Ranzau Campbell** (Escuela Intermedia Sunrise Park, White Bear Lake, Minnesota), **Holly DeRosia, Kathy Dole,** y **Teri Keusch** (Escuela Intermedia Portland, Portland, Michigan), **Mary Beth Schmitt** (Preparatoria Júnior Traverse City East, Traverse City, Michigan), **Genni Steele** (Escuela Intermedia Central, White Bear Lake, Minnesota), **Jacqueline Stewart** (Okemos, Michigan), **Elizabeth Tye** (Preparatoria Júnior Magnolia, Magnolia, Arkansas)

Ayudantes de desarrollo
En el Colegio Comunitario de Lansing *Ayudante por graduar:* **James Brinegar**

En la Universidad Estatal de Michigan *Ayudantes Graduados:* **Dawn Berk, Emily Bouck, Bulent Buyukbozkirli, Kuo-Liang Chang, Christopher Danielson, Srinivasa Dharmavaram, Deb Johanning, Kelly Rivette, Sarah Sword, Tat Ming Sze, Marie Turini, Jeffrey Wanko;** *Ayudantes por graduar:* **Jeffrey Chapin, Jade Corsé, Elisha Hardy, Alisha Harold, Elizabeth Keusch, Julia Letoutchaia, Karen Loeffler, Brian Oliver, Carl Oliver, Evonne Pedawi, Lauren Rebrovich**

En la Universidad Estatal de Maryland *Ayudantes Graduados:* **Kim Harris Bethea, Kara Karch**

En la Universidad de Carolina del Norte (Chapel Hill) *Ayudantes Graduados:* **Mark Ellis, Trista Stearns;** *Ayudante por graduar:* **Daniel Smith**

Consejo de asesores para CMP2

Thomas Banchoff
Profesor de Matemáticas
Universidad Brown
Providence, Rhode Island

Anne Bartel
Coordinador de Matemáticas
Escuelas Públicas de Minneapolis
Minneapolis, Minnesota

Hyman Bass
Profesor de Matemáticas
Universidad de Michigan
Ann Arbor, Michigan

Joan Ferrini-Mundy
Decano Asociado del Colegio de
Ciencias Naturales; Profesor
Universidad Estatal de Michigan
East Lansing, Michigan

James Hiebert
Profesor
Universidad de Delaware
Newark, Delaware

Susan Hudson Hull
Centro Charles A. Dana
Universidad de Texas
Austin, Texas

Michele Luke
Cordinador de Curriculum de
Matemáticas
Preparatoria Júnior del Oeste
Minnetonka, Minnesota

Kay McClain
Profesor de Educación de
Matemáticas
Universidad de Vanderbilt
Nashville, Tennessee

Edward Silver
Profesor; Catedrático de
Estudios de Educación
Universidad de Michigan
Ann Arbor, Michigan

Judith Sowder
Profesora Emérita
Universidad Estatal de San Diego
San Diego, California

Lisa Usher
Maestra de Investigación
Matemáticas
Academia de Matemáticas y
Ciencia de California
San Pedro, California

Centros de pruebas de campo para CMP2

Durante el desarrollo de la edición revisada de *Connected Mathematics* (CMP2), más de 100 docentes utilizaron en sus clases estos materiales, en 49 escuelas de 12 estados y del Distrito de Columbia. Esta puesta a prueba se desarrolló a lo largo de tres años lectivos (del 2001 al 2004), lo que permitió un cuidadoso estudio de la efectividad de cada una de las 24 unidades que componen el programa. Queremos agradecer especialmente a todos los estudiantes y maestros de esas escuelas piloto.

Arkansas
Escuelas Públicas de Magnolia
Kittena Bell*, Judith Trowell*; *Escuela Elemental Central:* Maxine Broom, Betty Eddy, Tiffany Fallin, Bonnie Flurry, Carolyn Monk, Elizabeth Tye; *Preparatoria Júnior Magnolia:* Monique Bryan, Ginger Cook, David Graham, Shelby Lamkin

Colorado
Escuelas Públicas de Boulder
Escuela Intermedia Nevin Platt: Judith Koenig
Distrito escolar, St. Vrain Valley Longmont
Escuela Intermedia Westview: Colleen Beyer, Kitty Canupp, Ellie Decker*, Peggy McCarthy, Tanya deNobrega, Cindy Payne, Ericka Pilon, Andrew Roberts

Distrito de Columbia
Escuela diurna Capitol Hill: Ann Lawrence

Georgia
Universidad de Georgia, Athens
Brad Findell
Escuela Públicas de Madison
Escuela Intermedia del Condado de Morgan: Renee Burgdorf, Lynn Harris, Nancy Kurtz, Carolyn Stewart

Maine
Escuela Públicas de Falmouth
Escuela Intermedia Falmouth: Donna Erikson, Joyce Hebert, Paula Hodgkins, Rick Hogan, David Legere, Cynthia Martin, Barbara Stiles, Shawn Towle*

Michigan
Escuelas Públicas de Portland
Escuela Intermedia Portland: Mark Braun, Holly DeRosia, Kathy Dole*, Angie Foote, Teri Keusch, Tammi Wardwell
Escuelas Públicas del Área de Traverse City
Elemental Bertha Vos: Kristin Sak; *Escuela Elemental Central:* Michelle Clark; Jody Meyers; *Elemental del Este:* Karrie Tufts; *Elemental Interlochen:* Mary McGee-Cullen; *Elemental Long Lake:* Julie Faulkner*, Charlie Maxbauer, Katherine Sleder; *Elemental Norris:* Hope Slanaker; *Elemental Oak Park:* Jessica Steed; *Elemental Traverse Heights:* Jennifer Wolfert; *Elemental Westwoods:* Nancy Conn; *Escuela Old Mission Peninsula:* Deb Larimer; *Preparatoria Júnior de Traverse City Este:* Ivanka Berkshire, Ruthanne Kladder, Jan Palkowski, Jane Peterson, Mary Beth Schmitt; *Preparatoria Júnior de Traverse City Oeste:* Dan Fouch*, Ray Fouch
Escuelas Públicas de Sturgis
Escuela Intermedia Sturgis: Ellen Eisele

Minnesota
Distrito Escolar 191 de Burnsville
Elemental Hidden Valley: Stephanie Cin, Jane McDevitt
Distrito Escolar 270 de Hopkins
Elemental Alice Smith: Sandra Cowing, Kathleen Gustafson, Martha Mason, Scott Stillman; *Elemental Eisenhower:* Chad Bellig, Patrick Berger, Nancy Glades, Kye Johnson, Shane Wasserman, Victoria Wilson; *Elemental Gatewood:* Sarah Ham, Julie Kloos, Janine Pung, Larry Wade; *Elemental Glen Lake:* Jacqueline Cramer, Kathy Hering, Cecelia Morris, Robb Trenda; *Elemental Katherine Curren:* Diane Bancroft, Sue DeWit, John Wilson; *Elemental L. H. Tanglen:* Kevin Athmann, Lisa Becker, Mary LaBelle, Kathy Rezac, Roberta Severson; *Elemental Meadowbrook:* Jan Gauger, Hildy Shank, Jessica Zimmerman; *Preparatoria Júnior del Norte:* Laurel Hahn, Kristin Lee, Jodi Markuson, Bruce Mestemacher, Laurel Miller, Bonnie Rinker, Jeannine Salzer, Sarah Shafer, Cam Stottler; *Preparatoria Júnior del Oeste:* Alicia Beebe, Kristie Earl, Nobu Fujii, Pam Georgetti, Susan Gilbert, Regina Nelson Johnson, Debra Lindstrom, Michele Luke*, Jon Sorenson
Distrito Escolar 1 de Minneapolis
Escuela K-8 Ann Sullivan: Bronwyn Collins; Anne Bartel* (Oficina de currículum e instrucción)
Distrito Escolar 284 de Wayzata
Escuela Intermedia Central: Sarajane Myers, Dan Nielsen, Tanya Ravenholdt
Distrito Escolar 624 de White Bear Lake
Escuela Intermedia Central: Amy Jorgenson, Michelle Reich, Brenda Sammon

Nueva York
Escuelas Públicas de la ciudad de Nueva York
IS 89: Yelena Aynbinder, Chi-Man Ng, Nina Rapaport, Joel Spengler, Phyllis Tam*, Brent Wyso; *Escuela Intermedia Wagner:* Jason Appel, Intissar Fernandez, Yee Gee Get, Richard Goldstein, Irving Marcus, Sue Norton, Bernadita Owens, Jennifer Rehn*, Kevin Yuhas

---

* indica Coordinador de Centro Pruebas de Campo

Ohio

Distrito Escolar de Talawand, Oxford
Escuela Intermedia de Talawanda:
Teresa Abrams, Larry Brock, Heather Brosey, Julie Churchman, Monna Even, Karen Fitch, Bob George, Amanda Klee, Pat Meade, Sandy Montgomery, Barbara Sherman, Lauren Steidl

Universidad de Miami
Jeffrey Wanko*

Escuelas Públicas de Springfield
Escuela Rockway: Jim Mamer

Pennsylvania

Escuelas Públicas de Pittsburgh
Kenneth Labuskes, Marianne O'Connor, Mary Lynn Raith*; *Escuela Intermedia Arthur J. Rooney:* David Hairston, Stamatina Mousetis, Alfredo Zangaro; *Academia de Estudios Internacionales Frick:* Suzanne Berry, Janet Falkowski, Constance Finseth, Romika Hodge, Frank Machi; *Escuela Intermedia Reizenstein:* Jeff Baldwin, James Brautigam, Lorena Burnett, Glen Cobbett, Michael Jordan, Margaret Lazur, Melissa Munnell, Holly Neely, Ingrid Reed, Dennis Reft

Texas

Distrito Escolar Independiente de Austin
Escuela Intermedia Bedichek: Lisa Brown, Jennifer Glasscock, Vicki Massey

Distrito Escolar Independiente de El Paso
Escuela Intermedia Cordova: Armando Aguirre, Anneliesa Durkes, Sylvia Guzman, Pat Holguin*, William Holguin, Nancy Nava, Laura Orozco, Michelle Peña, Roberta Rosen, Patsy Smith, Jeremy Wolf

Distrito Escolar Independiente de Plano
Patt Henry, James Wohlgehagen*; *Escuela Intermedia Frankford:* Mandy Baker, Cheryl Butsch, Amy Dudley, Betsy Eshelman, Janet Greene, Cort Haynes, Kathy Letchworth, Kay Marshall, Kelly McCants, Amy Reck, Judy Scott, Syndy Snyder, Lisa Wang; *Escuela Intermedia Wilson:* Darcie Bane, Amanda Bedenko, Whitney Evans, Tonelli Hatley, Sarah (Becky) Higgs, Kelly Johnston, Rebecca McElligott, Kay Neuse, Cheri Slocum, Kelli Straight

Washington

Distrito Escolar de Evergreen
Escuela Intermedia Shahala: Nicole Abrahamsen, Terry Coon*, Carey Doyle, Sheryl Drechsler, George Gemma, Gina Helland, Amy Hilario, Darla Lidyard, Sean McCarthy, Tilly Meyer, Willow Neuwelt, Todd Parsons, Brian Pederson, Stan Posey, Shawn Scott, Craig Sjoberg, Lynette Sundstrom, Charles Switzer, Luke Youngblood

Wisconsin

Distrito Escolar Unificado de Beaver Dam
Escuela Intermedia Beaver Dam: Jim Braemer, Jeanne Frick, Jessica Greatens, Barbara Link, Dennis McCormick, Karen Michels, Nancy Nichols*, Nancy Palm, Shelly Stelsel, Susan Wiggins

Escuelas Públicas de Milwaukee
Escuela Intermedia Fritsche: Peggy Brokaw, Rosann Hollinger*, Dan Homontowski, David Larson, LaRon Ramsey, Judy Roschke*, Lora Ruedt, Dorothy Schuller, Sandra Wiesen, Aaron Womack, Jr.

---

* indica Coordinador de Centro Pruebas de Campo

Revisiones de CMP para guiar el desarrollo de CMP2

Antes de empezar a escribir CMP2 o de que se hiciera el trabajo de investigación de campo, se envió la primera edición de *Connected Mathematics* a los cuerpos de profesores de distritos escolares de diversas áreas del país y a 80 asesores individuales, solicitándoles sus comentarios.

Revisión de encuestas de CMP de los distritos escolares

Arizona
Distrito Escolar #38 Madison (Phoenix)

Arkansas
Distrito Escolar Cabot, Distrito Escolar Little Rock, Distrito Escolar Magnolia

California
Distrito Escolar Unificado de Los Angeles

Colorado
Distrito Escolar St. Vrain Valley (Longmont)

Florida
Escuelas del Condado de Leon (Tallahassee)

Illinois
Distrito Escolar #21 (Wheeling)

Indiana
Preparatoria Júnior Joseph L. Block (Este de Chicago)

Kentucky
Escuelas públicas del Condado de Fayette (Lexington)

Maine
Selección de escuelas

Massachusetts
Selección de escuelas

Michigan
Escuelas de área de Sparta

Minnesota
Distrito Escolar Hopkins

Texas
Distrito Escolar Independiente de Austin, La Colaboración para Excelencia Académica de El Paso, Distrito Escolar Independiente de Plano

Wisconsin
Escuela Intermedia Platteville

Revisores individuales de CMP

Arkansas
Deborah Cramer; Robby Frizzell *(Taylor)*; Lowell Lynde *(Universidad de Arkansas, Monticello)*; Leigh Manzer *(Norfork)*; Lynne Roberts *(Preparatoria de Emerson, Emerson)*; Tony Timms *(Escuelas públicas de Cabot)*; Judith Trowell *(Departemento de Educación Superior de Arkansas)*

California
José Alcantar *(Gilroy)*; Eugenie Belcher *(Gilroy)*; Marian Pasternack *(Lowman M. S. T. Center, North Hollywood)*; Susana Pezoa *(San Jose)*; Todd Rabusin *(Hollister)*; Margaret Siegfried *(Escuela Intermedia Ocala, San Jose)*; Polly Underwood *(Escuela Intermedia Ocala, San Jose)*

Colorado
Janeane Golliher *(Distrito Escolar St. Vrain Valley, Longmont)*; Judith Koenig *(Escuela Intermedia Nevin Platt, Boulder)*

Florida
Paige Loggins *(Escuela Intermedia Swift Creek, Tallahassee)*

Illinois
Jan Robinson *(Distrito Escolar #21, Wheeling)*

Indiana
Frances Jackson *(Preparatoria Júnior Joseph L. Block, East Chicago)*

Kentucky
Natalee Feese *(Escuelas Públicas del Condado de Fayette, Lexington)*

Maine
Betsy Berry *(Alianza de Matemáticas y Ciencias de Maine, Augusta)*

Maryland
Joseph Gagnon *(Universidad de Maryland, Colegio Park)*; Paula Maccini *(Universidad de Maryland, Colegio Park)*

Massachusetts
George Cobb *(Colegio Mt. Holyoke, South Hadley)*; Cliff Kanold *(Universidad de Massachusetts, Amherst)*

Michigan
Mary Bouck *(Escuelas del área de Farwell)*; Carol Dorer *(Escuela Intermedia Slauson, Ann Arbor)*; Carrie Heaney *(Escuela Intermedia Forsythe, Ann Arbor)*; Ellen Hopkins *(Escuela Intermedia Clague, Ann Arbor)*; Teri Keusch *(Escuela Intermedia Portland, Portland)*; Valerie Mills *(Escuelas Oakland, Waterford)*; Mary Beth Schmitt *(Preparatoria Júnior del Este de Traverse City, Traverse City)*; Jack Smith *(Universidad Estatal de Michigan, East Lansing)*; Rebecca Spencer *(Escuela Intermedia Sparta, Sparta)*; Ann Marie Nicoll Turner *(Escuela Intermedia Tappan, Ann Arbor)*; Scott Turner *(Escuela Intermedia Scarlett, Ann Arbor)*

Minnesota
Margarita Alvarez *(Escuela Intermedia Olson, Minneapolis)*; Jane Amundson *(Preparatoria Júnior Nicollet, Burnsville)*; Anne Bartel *(Escuelas Públicas de Minneapolis)*; Gwen Ranzau Campbell *(Escuela Intermedia Sunrise Park, White Bear Lake)*; Stephanie Cin *(Elemental Hidden Valley, Burnsville)*; Joan Garfield *(Universidad de Minnesota, Minneapolis)*; Gretchen Hall *(Escuela Intermedia Richfield, Richfield)*; Jennifer Larson *(Escuela Intermedia Olson, Minneapolis)*; Michele Luke *(Preparatoria Júnior del Oeste, Minnetonka)*; Jeni Meyer *(Preparatoria Júnior Richfield, Richfield)*; Judy Pfingsten *(Escuela Intermedia Inver Grove Heights, Inver Grove Heights)*; Sarah Shafer *(Preparatoria Júnior del Norte, Minnetonka)*; Genni Steele *(Escuela Intermedia Central, White Bear Lake)*; Victoria Wilson *(Elemental Eisenhower, Hopkins)*; Paul Zorn *(Colegio St. Olaf, Northfield)*

Nueva York
Debra Altenau-Bartolino *(Escuela Intermedia Greenwich Village, Nueva York)*; Doug Clements *(Universidad de Buffalo)*; Francis Curcio *(Universidad de Nueva York, Nueva York)*; Christine Dorosh *(Escuela de Escritores Clinton, Brooklyn)*; Jennifer Rehn *(Escuela Intermedia del Lado Oeste, Nueva York)*; Phyllis Tam *(IS 89 Escuela Laboratorio, Nueva York)*; Marie Turini *(Escuela Intermedia Louis Armstrong, Nueva York)*; Lucy West *(Escuela Comunitaria del Distrito 2, Nueva York)*; Monica Witt *(Escuela Intermedia Simon Baruch 104, Nueva York)*

Pennsylvania
Robert Aglietti *(Pittsburgh)*; Sharon Mihalich *(Pittsburgh)*; Jennifer Plumb *(Escuela Intermedia South Hills, Pittsburgh)*; Mary Lynn Raith *(Escuelas Públicas de Pittsburgh)*

Texas
Michelle Bittick *(Distrito Escolar Independiente de Austin)*; Margaret Cregg *(Distrito Escolar Independiente de Plano)*; Sheila Cunningham *(Distrito Escolar Independiente de Klein)*; Judy Hill *(Distrito Escolar Independiente deAustin)*; Patricia Holguin *(Distrito Escolar Independiente de El Paso)*; Bonnie McNemar *(Arlington)*; Kay Neuse *(Distrito Escolar Independiente de Plano)*; Joyce Polanco *(Distrito Escolar Independiente de Austin)*; Marge Ramirez *(Universidad de Texas en El Paso)*; Pat Rossman *(Campus Baker, Austin)*; Cindy Schimek *(Houston)*; Cynthia Schneider *(Centro Charles A. Dana, Universidad de Texas en Austin)*; Uri Treisman *(Centro Charles A. Dana, Universidad de Texas en Austin)*; Jacqueline Weilmuenster *(Distrito Escolar Independiente de Grapevine-Colleyville)*; LuAnn Weynand *(San Antonio)*; Carmen Whitman *(Distrito Escolar Independiente de Austin)*; James Wohlgehagen *(Distrito Escolar Independiente de Plano)*

Washington
Ramesh Gangolli *(Universidad de Washington, Seattle)*

Wisconsin
Susan Lamon *(Universidad Marquette, Hales Corner)*; Steve Reinhart *(jubilado, Escuela Intermedia de Chippewa Falls, Eau Claire)*

Contenido

Datos sobre nosotros
Estadísticas

Datos sobre nosotros

¿**C**uál es el mayor número de mascotas que tienen los estudiantes de tu clase? ¿Cómo lo puedes averiguar?

Supón que dos clases compitieron en un concurso de salto a la cuerda. Anotaron el número de saltos de cada estudiante. ¿Cómo determinarías qué clase lo hizo mejor?

Un grupo de estudiantes recopiló datos sobre el número de películas que vieron el mes pasado. ¿Cómo averiguarías el número "típico" de películas que se vieron?

Cada 10 años, el gobierno de Estados Unidos hace un *censo*, o encuesta, de cada hogar del país. El censo recopila información sobre muchas cosas, incluyendo educación, empleo e ingresos. Como la gente es por naturaleza curiosa sobre sí misma y sobre otros, mucha gente está interesada en la información del censo. Naturalmente, recopilar datos de cada hogar de los Estados Unidos es una tarea inmensa.

A menudo oyes hablar sobre los resultados de las encuestas. Por ejemplo, ¿qué significa cuando los informes dicen que el estudiante promedio de la escuela intermedia tiene cuatro personas en su familia, o que mira tres horas de televisión en un día laborable?

En *Datos sobre nosotros* aprenderás a recopilar y analizar datos de situaciones parecidas a las de la página anterior. También aprenderás a usar tus resultados para describir a las personas y sus características.

Resumen matemático

En *Datos sobre nosotros* **explorarás maneras de recopilar, organizar, mostrar y analizar datos.**

Aprenderás a

- Realizar investigaciones de datos haciendo preguntas, recopilando y analizando datos y haciendo interpretaciones para contestar preguntas
- Representar distribuciones de datos usando diagramas de puntos, gráficas de barras, diagramas de tallo y hojas y gráficas de coordenadas
- Calcular la media, la mediana, la moda o el rango de los datos
- Diferenciar entre datos categóricos y datos numéricos, e identificar qué gráficas y estadísticas se podrían usar para representar cada tipo de datos
- Escoger las mediciones estadísticas más apropiadas (media, mediana, moda, rango, etc.) para describir una distribución de datos
- Desarrollar estrategias para comparar distribuciones de datos

A medida que trabajes en los problemas de esta unidad, hazte preguntas sobre situaciones relacionadas con análisis de datos:

¿Qué se pregunta?

¿Qué organización de los datos me puede ayudar a analizarlos?

¿Qué mediciones estadísticas proporcionarán información útil sobre la distribución de datos?

¿Qué me dirán las mediciones estadísticas sobre la distribución de los datos?

¿Cómo puedo usar gráficas y estadísticas para describir una distribución de datos o para comparar dos distribuciones de datos para poder contestar mi pregunta original?

Proyecto de la unidad

¿Hay alguien típico?

¿**C**uáles son las características del estudiante de escuela intermedia típico? ¿Quién está interesado en conocer estas características? ¿Existe de verdad un estudiante de escuela intermedia típico? A medida que avances en esta unidad, identificarás algunos datos "típicos" sobre tus compañeros, como éstos:

- El número típico de letras del nombre completo de un estudiante
- El número típico de personas en el hogar de un estudiante
- La altura típica de un estudiante

Cuando hayas completado la investigación de *Datos sobre nosotros*, llevarás a cabo una investigación estadística para contestar esta pregunta:

¿Cuáles son algunas de las características de un estudiante de escuela intermedia típico?

Estas características pueden incluir

- Características físicas (por ejemplo, edad, altura o color de ojos)
- Características de la familia y el hogar (por ejemplo, número de hermanos o número de reproductores de MP3)
- Comportamiento (por ejemplo, pasatiempos o número de horas que se pasan viendo la televisión)
- Preferencias, opiniones o actitudes (por ejemplo, grupo musical favorito o elección para presidente de la clase)

A medida que estudies esta unidad, haz y mejora los planes para tu proyecto. Ten en cuenta que una investigación estadística incluye hacer preguntas, recopilar datos, analizar datos e interpretar los resultados del análisis. A medida que trabajes en cada investigación, piensa en cómo usarías lo que has aprendido para ayudarte en tu proyecto.

Observar datos

El problema de esta investigación incluye nombres de personas. Cuando a un niño se le pone un nombre a menudo las tradiciones familiares tienen mucho que ver. El nombre de una persona puede revelar información sobre sus ancestros.

Muchas personas tienen historias interesantes sobre cómo les pusieron nombre. Ésta es la historia de una estudiante: "Soy gemela, y mi mamá y mi papá no sabían que iban a tener gemelos. Mi hermana nació primero. La llamaron Sukey. Yo fui una sorpresa. Mi madre me puso el nombre de la mujer que estaba en la cama de al lado en el hospital. Se llamaba Takara."

- ¿Sabes algo interesante sobre cómo te llamaron o sobre la historia del apellido de tu familia?

¿Lo sabías?

Rhoshandiatellyneshiaunneveshenk Koyaanisquatsiuth Williams es el nombre más largo en un certificado de nacimiento.

Poco después de que naciera Rhoshandiatellyneshiaunneveshenk, su padre alargó su primer nombre a 1,019 letras, y su segundo nombre a 36 letras. ¿Cuál piensas que sería un buen apodo para ella?

Organizar e interpretar datos

La mayoría de los padres no se fijan en el número de letras del nombre de sus hijos. Sin embargo, a veces, la longitud del nombre es importante. Por ejemplo, sólo cabe un determinado número de letras en una pulsera o en una tarjeta de biblioteca.

Preparación para el problema 1.1

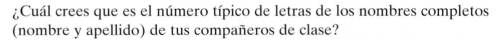

¿Cuál crees que es el número típico de letras de los nombres completos (nombre y apellido) de tus compañeros de clase?

- ¿Qué datos necesitas y cómo podrías recopilarlos?
- ¿Cómo organizarías y representarías tus datos?
- Si un estudiante nuevo llegara a la clase hoy, ¿cómo usarías tus resultados para predecir la longitud del nombre del estudiante?

Los estudiantes de la clase de la Srta. Jee han hecho un **diagrama de puntos** para mostrar la distribución de los datos de su clase.

Longitud del nombre de los estudiantes de la Srta. Jee

Otro grupo mostró los mismos datos usando una **gráfica de barras.**

Longitud del nombre de los estudiantes de la Srta. Jee

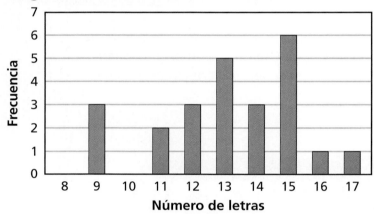

Para describir cómo se distribuyen los datos, puedes mirar dónde se amontonan los valores de los datos, cuánto varían y cuáles son los valores más alto y más bajo.

Problema 1.1 Organizar e interpretar datos

Examina el diagrama de puntos y la gráfica de barras.

A. Describe la distribución de los datos. ¿Ves algún patrón?

B. ¿En qué se parecen las dos gráficas? ¿En qué se diferencian?

C. ¿Cómo puedes usar cada gráfica para determinar el número total de letras en todos los nombres?

D. Fahimeh Ghomizadeh dijo: "Mi nombre es el que tiene más letras, pero la barra que muestra la longitud de mi nombre es una de las más cortas de la gráfica. ¿Por qué?". ¿Cómo contestarías esta pregunta?

E. Recopila los datos sobre la longitud de los nombres de tu clase. Representa la distribución de los datos usando un diagrama de puntos o una gráfica de barras.

F. ¿Cuáles son algunas semejanzas y diferencias entre la distribución de los datos de la clase de la Srta. Jee y la distribución de los datos de tu clase?

ACE La tarea empieza en la página 21.

¿Lo sabías?

En África, el nombre de un niño a menudo tiene mucho significado. Nombres como Sekelaga, que significa "alegrarse", y Tusajigwe, que significa "somos bendecidos", reflejan la felicidad que sintió la familia cuando nació el niño. Nombres como Mvula, que significa "lluvia", reflejan lo que pasaba en el momento en el que nació el niño.

Go Online PHSchool.com

Para: Información sobre nombres africanos, disponible en inglés
Código Web: ame-9031

1.2 Estadísticas útiles

En los datos de la clase de la Srta. Jee, la longitud de nombre de 15 letras es la que aparece más a menudo. Fíjate que 15 tiene la pila más alta de X en el diagrama de puntos y la barra más alta en la gráfica de barras. Llamamos al valor más frecuente la **moda** de un conjunto de datos.

El menor valor y el mayor valor son valores importantes en un conjunto de datos. Dan un sentido de la variabilidad de los datos. En la clase de la Srta. Jee, los datos varían de 9 letras a 17 letras. La diferencia entre el valor menor y el valor mayor se llama **rango** de los datos. El rango de la clase de la Srta. Jee es 17-9, u 8 letras.

Otra estadística importante es la **mediana,** o el punto medio, del conjunto de datos.

La tabla y el diagrama de puntos de abajo muestran la distribución de los datos de la longitud de los nombres en la clase del Sr. Gray. Fíjate que estos datos tienen dos modas, 11 letras y 12 letras. Decimos que la distribución es *bimodal*. Los datos varían desde 7 letras hasta 19 letras. El rango de los datos es 19–7, ó 12 letras.

Longitud del nombre de los estudiantes del Sr. Gray	
Nombre	Número de letras
Jeffrey Piersonjones	19
Thomas Petes	11
Clarence Jenkins	15
Michelle Hughes	14
Shoshana White	13
Deborah Black	12
Terry Van Bourgondien	19
Maxi Swanson	11
Tonya Stewart	12
Jorge Bastante	13
Richard Mudd	11
Joachim Caruso	13
Robert Northcott	15
Tony Tung	8
Joshua Klein	11
Jan Wong	7
Bob King	7
Veronica Rodriguez	17
Charlene Greene	14
Peter Juliano	12
Linora Haynes	12

Longitud del nombre de los estudiantes del Sr. Gray

Problema 1.2 Estadísticas útiles

Aquí tienes una manera de ayudarte a pensar en cómo identificar la mediana. Corta una tira de 21 cuadrados de una hoja de papel cuadriculado. Cada cuadrado representa la longitud del nombre de un estudiante de la clase del Sr. Gray. Escribe la longitud del nombre de los estudiantes del Sr. Gray en orden de menor a mayor en el papel cuadriculado, como se muestra.

7	7	8	11	11	11	11	12	12	12	12	13	13	13	14	14	15	15	17	19	19

A. Dobla la tira por la mitad.

1. ¿En qué número está la marca formada por el doblez?

2. ¿Cuántos números hay a la izquierda de este número?

3. ¿Cuántos números hay a la derecha de este número?

4. La mediana es el valor de la referencia del punto medio en un conjunto de datos. Hay la misma cantidad de valores de datos antes y después de este valor. ¿Cuál es la mediana para estos datos?

B. Supón que una nueva estudiante, Suzanne Mannerstrale, llega a la clase del Sr. Gray. La clase ahora tiene 22 estudiantes. En una tira de 22 cuadrados, haz una lista de la longitud de los nombres, incluyendo el de Suzanne, en orden de menor a mayor. Dobla la tira por la mitad.

1. ¿En qué número está la marca formada por el doblez?

2. ¿Cuántos números hay a la izquierda de este número?

3. ¿Cuántos números hay a la derecha de este número?

4. ¿Cuál es la mediana de estos datos?

C. Suzanne tiene 6 mascotas. Hizo un diagrama de puntos mostrando la longitud de los nombres de sus mascotas. Halla la mediana de la longitud de los nombres de sus mascotas. Halla la moda del conjunto de datos.

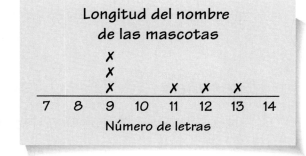

D. Hay 15 estudiantes en una clase. Usa la siguiente información sobre la longitud de sus nombres.

● Moda: 12 letras

● Mediana: 12 letras

● Los datos varían de 8 letras a 16 letras

1. Halla un conjunto posible de longitudes de nombres para la clase.

2. Haz un diagrama de puntos para mostrar la distribución de los datos.

3. Compara tu gráfica con las gráficas de tus compañeros. ¿En qué se parecen las gráficas? ¿En qué se diferencian?

ACE La tarea empieza en la página 21.

1.3 Hacer experimentos con la mediana

Puedes usar la mediana y la moda de un conjunto de datos para describir lo que es típico sobre la distribución. A veces se llaman *medidas de centro*.

Usa los diez nombres siguientes. Escribe cada nombre en una tarjeta. En la parte de atrás de cada tarjeta, escribe el número de letras del nombre. Abajo se muestra un ejemplo de tarjeta.

Longitud del nombre de los estudiantes del Sr. Gray

Nombre	Número de letras
Thomas Petes	11
Michelle Hughes	14
Shoshana White	13
Deborah Black	12
Tonya Stewart	12
Richard Mudd	11
Tony Tung	8
Janice Wong	10
Bobby King	9
Charlene Greene	14

delante

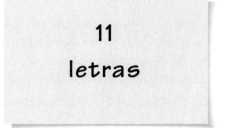

detrás

Ordena las tarjetas de la longitud de nombre más corta a la más larga, e identifica la mediana de los datos.

Problema 1.3 Hacer experimentos con la mediana

Usa tus tarjetas para completar cada tarea de abajo. Anota tu trabajo.

A. Quita dos nombres del conjunto original de datos, de modo que

1. la mediana quede igual.

2. la mediana aumente.

3. la mediana disminuya.

B. Añade dos nombres nuevos al conjunto de datos original, de modo que

    1. la mediana quede igual.

    2. la mediana aumente.

    3. la mediana disminuya.

C. ¿Cómo cambia la mediana del conjunto original de datos si añades un nombre

    1. de 16 letras?

    2. de 1,019 letras?

ACE **La tarea empieza en la página 21.**

¿Lo sabías?

Los nombres de muchas partes del mundo tienen orígenes especiales. Los apellidos europeos a menudo vienen del nombre del padre. Por ejemplo, Ian Robertson era el hijo de Robert. Janos Ivanovich era el hijo (vich) de Ivan, y John Peters era el hijo de Peter.

Los apellidos también vienen de palabras que describen el pueblo natal de una persona, o su trabajo. Esto resultó en nombres como William Hill y Gilbert Baker.

Los apellidos en China y Vietnam casi siempre son palabras monosílabas relacionadas con los nombres de las familias gobernantes. Chang es un ejemplo de ello.

Puedes leer más sobre nombres en libros en inglés como *Names from Africa*, de Ogonna Chuks-Orji y *Do People Grow on Family Trees?*, de Ira Wolfman.

Para: Información sobre nombres, disponible en inglés
Código Web: ame-9031

1.4 Usar distintos tipos de datos

Cuando te interesa saber más sobre algo, haces preguntas sobre ello. Algunas preguntas tienen respuestas que son palabras o categorías. Por ejemplo, ¿cuál es tu deporte favorito? Otras preguntas tienen respuestas que son números. Por ejemplo, ¿cuántas pulgadas de altura mides?

Los **datos categóricos** son datos que son rótulos específicos o nombres de categorías. Generalmente no son números. Supón que les preguntas a ciertas personas en qué mes nacieron o qué tipos de mascotas tienen. Sus respuestas serían datos categóricos.

Los **datos numéricos** son datos que cuentan o miden. Supón que les preguntas a ciertas personas cuánto miden de altura o cuántas mascotas tienen. Sus respuestas serían datos numéricos.

Preparación para el problema

Lee cada una de las preguntas de abajo. ¿Qué preguntas tienen palabras o categorías como respuesta? ¿Qué preguntas tienen números como respuesta?

- ¿En qué mes naciste?
- ¿Cuál es tu tipo de mascota favorito?
- ¿Cuántas mascotas tienes?
- ¿Quién es tu escritor favorito?
- ¿Cuánto tiempo al día pasas viendo televisión?
- ¿Cuál es tu puntuación más alta en el juego?
- ¿Cuántas películas viste la semana pasada?

Los tipos de mascota que la gente tiene a menudo dependen de dónde vive. La gente que vive en la ciudad a menudo tiene mascotas pequeñas. La gente que vive en granjas a menudo tiene mascotas grandes. La gente que vive en apartamentos a veces no tiene mascotas.

Una clase de escuela intermedia recopiló datos sobre sus mascotas anotando las respuestas de los estudiantes a estas preguntas:

- ¿Cuál es tu tipo de mascota favorito?
- ¿Cuántas mascotas tienes?

Los estudiantes hicieron tablas para mostrar las anotaciones o frecuencias. Luego hicieron gráficas de barras para mostrar la distribución de los datos.

¿Crees que los estudiantes encuestados viven en una ciudad, en los suburbios o en el campo? Explica tu respuesta.

Número de mascotas

Número	Frecuencia
0	2
1	2
2	5
3	4
4	1
5	2
6	3
7	0
8	1
9	1
10	0
11	0
12	1
13	0
14	1
15	0
16	0
17	1
18	0
19	1
20	0
21	1

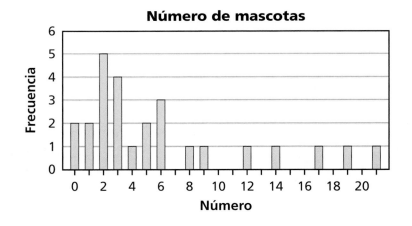

Tipos de mascota favoritos

Mascota	Frecuencia
gato	4
perro	7
pez	2
pájaro	2
caballo	3
cabra	1
vaca	2
conejo	3
pato	1
cerdo	1

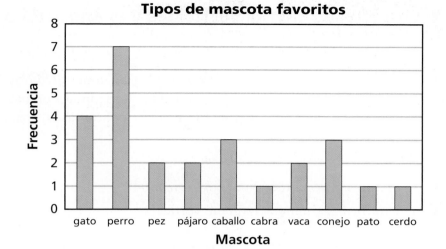

Tipos de mascota favoritos

Problema 1.4 Usar distintos tipos de datos

Determina si cada pregunta se puede contestar usando datos de las gráficas y de las tablas creadas por los estudiantes. Si es así, da la respuesta y explica cómo la obtuviste. Si no, explica por qué no y di qué información adicional necesitarías para contestar la pregunta.

A. ¿Qué gráfica muestra datos categóricos?

B. ¿Qué gráfica muestra datos numéricos?

C. ¿Cuál es el número total de mascotas que tienen los estudiantes?

D. ¿Cuál es el mayor número de mascotas que tiene un estudiante?

E. ¿Cuántos estudiantes hay en la clase?

F. ¿Cuántos estudiantes escogieron los gatos como su tipo de mascota favorito?

G. ¿Cuántos gatos tienen los estudiantes como mascota?

H. ¿Cuál es la moda para el tipo de mascota favorito?

I. ¿Cuál es la mediana del número de mascotas que tienen los estudiantes?

J. ¿Cuál es el rango de los números de mascotas que tienen los estudiantes?

K. Tomás es un estudiante de la clase. ¿Cuántas mascotas tiene?

L. ¿Tienen las chicas más mascotas que los chicos?

ACE La tarea empieza en la página 21.

Has usado gráficas de barras para mostrar distribuciones de datos. Las *gráficas de barras verticales* muestran los datos en el eje horizontal, con barras verticales. En las gráficas de barras verticales se pueden comparar las alturas con el eje vertical de frecuencias.

Mira la gráfica de barras verticales de abajo.

- ¿Qué información muestra el eje horizontal?
- ¿Qué información muestra el eje vertical?

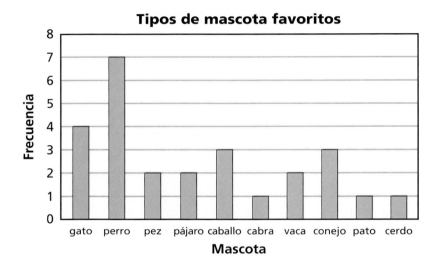

- ¿Cómo averiguas cuántas personas escogieron "perro" como su tipo de mascota favorito usando la gráfica de barras verticales?

Supón que se encuesta a cinco estudiantes más. Tres responden que los pájaros son su tipo de mascota favorito. Dos responden que los gatos son su tipo de mascota favorito.

- ¿Qué cambios harías en la gráfica de barras verticales para mostrar la nueva distribución?

Abajo tienes la distribución original de datos sobre mascotas mostrados en una *gráfica de barras horizontales*.

- Compara la gráfica de barras verticales con la gráfica de barras horizontales. ¿En qué se parecen? ¿En qué se diferencian?

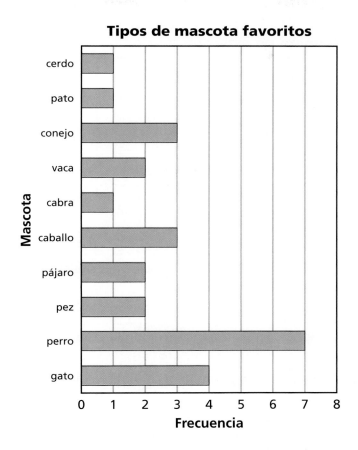

Tipos de mascota favoritos

- ¿Cómo averiguas cuántas personas escogieron "perro" como su tipo de mascota favorito usando la gráfica de barras horizontales?

Supón que se encuesta a cinco estudiantes más. Tres responden que los pájaros son su tipo de mascota favorito. Dos responden que los gatos son su tipo de mascota favorito.

- ¿Qué cambios harías en la gráfica de barras horizontales para mostrar la nueva distribución?

Problema **1.5** Gráficas de barras verticales y gráficas de barras horizontales

Abajo tienes una gráfica de barras verticales que muestra la distribución del número de mascotas que tienen los estudiantes.

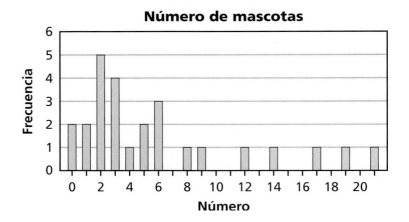

Número de mascotas

A. Haz una gráfica de barras horizontales para mostrar esta distribución de datos.

Para cada pregunta de abajo, explica:

- cómo puedes hallar la respuesta a la pregunta usando la gráfica de barras verticales
- cómo puedes hallar la respuesta a la pregunta usando la gráfica de barras horizontales

B. ¿Cuántos estudiantes de la clase tienen más de cinco mascotas?

C. ¿Cuál es el menor número de mascotas que tiene un estudiante de la clase?

D. ¿Cuál es el mayor número de mascotas que tiene un estudiante de la clase?

E. ¿Cuál es la mediana del número de mascotas?

F. Tres estudiantes estaban ausentes cuando se recopilaron estos datos. Malcolm tiene 7 mascotas. Makana tiene 1 mascota y Jake tiene 3 mascotas. Añade sus datos a cada gráfica. ¿Cuál es ahora la mediana del número de mascotas?

ACE La tarea empieza en la página 21.

Aplicaciones

En los Ejercicios 1 y 2, usa los nombres de los estudiantes del Sr. Young que aparecen en la lista de abajo.

Ben Foster	Rosita Ramirez
Ava Baker	Kimberly Pace
Lucas Fuentes	Paula Wheeler
Juan Norinda	Darnell Fay
Ron Weaver	Jeremy Yosho
Bryan Wong	Cora Harris
Toby Vanhook	Corey Brooks
Katrina Roberson	Tijuana Degraffenreid

1. Haz una tabla que muestre la longitud de cada nombre. Luego haz un diagrama de puntos y una gráfica de barras con la longitud de los nombres.

2. ¿Cuál es la longitud de nombre típica de los estudiantes del Sr. Young? Usa la moda, la mediana y el rango para ayudarte a contestar esta pregunta.

En los Ejercicios 3 a 6, haz un diagrama de puntos o una gráfica de barras con la distribución de los datos que encaje en cada descripción.

3. 24 nombres, con un rango de 12 letras

4. 7 nombres, con una mediana de longitud de 14 letras

5. 13 nombres, con una mediana de longitud de 13 letras, y con datos que varían entre 8 letras y 17 letras

6. 16 nombres, con una mediana de longitud de $14\frac{1}{2}$ letras, y con datos que varían entre 11 letras y 20 letras

Para los Ejercicios 7 a 12, usa la gráfica de barras de abajo.

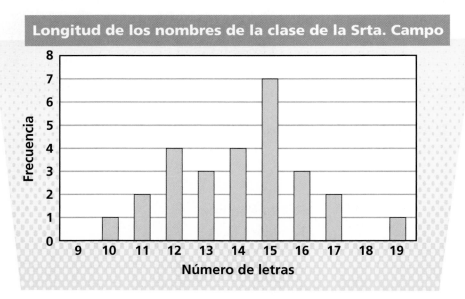

Longitud de los nombres de la clase de la Srta. Campo

Eje Y: Frecuencia (0 a 8)
Eje X: Número de letras (9 a 19)

7. ¿En qué se parece o diferencia la distribución de los datos de la clase de la Srta. Campo de la distribución de los datos de la clase del Sr. Young en el Ejercicio 1?

8. **Opción múltiple** Para los estudiantes de la Srta. Campo, ¿qué valor (longitud de nombre) ocurre con más frecuencia?

   A. 12 letras   **B.** 14 letras   **C.** 15 letras   **D.** 16 letras

9. **Opción múltiple** ¿Cuál es el nombre del valor hallado en el Ejercicio 8?

   F. rango   **G.** mediana   **H.** moda   **J.** ninguno de ellos

10. ¿Cuántos estudiantes hay en la clase de la Srta. Campo? Explica cómo obtuviste la respuesta.

11. ¿Cuál es el rango de las longitudes de los nombres de esta clase?

12. ¿Cuál es la mediana de las longitudes de los nombres? Explica cómo obtuviste la respuesta.

13. Mira la tabla y la gráfica para el Número de mascotas de la introducción al Problema 1.4. Cuatro estudiantes nuevos llegan a la clase. Un estudiante tiene 3 mascotas, dos estudiantes tienen 7 mascotas cada uno, y el último estudiante tiene 16 mascotas.

    a. Copia la gráfica e incluye estos datos.

    b. Con los nuevos datos incluidos, ¿cambia la mediana o queda igual? Explica tu razonamiento.

Go Online
PHSchool.com

Para: Práctica de destrezas de opción múltiple, disponible en inglés
Código Web: ama-8154

En los Ejercicios 14 a 20, di si las respuestas a las preguntas son datos numéricos o categóricos.

14. ¿Cuál es tu altura en centímetros?

15. ¿Cuál es tu grupo musical favorito?

16. ¿Qué te gustaría hacer después de graduarte de la escuela?

17. ¿Son los estudiantes de la clase del Sr. Pérez mayores que los estudiantes de la clase de la Sra. Sato?

18. ¿Qué medio(s) de transporte usas para ir a la escuela?

19. ¿Cuánto tiempo pasas haciendo tarea?

20. En una escala de 1 a 7, en la que 7 es excelente y 1 es pobre, ¿cómo calificarías la comida de la cafetería?

21. Usa la gráfica para la Longitud de los nombres de los Ejercicios 7 a 12. Haz una gráfica de barras horizontales para los datos de las longitudes de los nombres de los estudiantes de la Srta. Campo.

    a. ¿Cuál es la mediana de las longitudes de los nombres? ¿En qué se parece o diferencia de la respuesta que diste en el Ejercicio 12? ¿Por qué te parece que es así?

    b. Un estudiante nuevo llega a la clase de la Srta. Campo. El estudiante tiene un nombre de 16 letras. Añade este valor a tu gráfica. ¿Cambia la mediana? Explica tu respuesta.

Conexiones

Para los Ejercicios 22 a 25, usa las gráficas de barras de abajo. Las gráficas muestran la información sobre una clase de estudiantes de la escuela intermedia.

Gráfica A
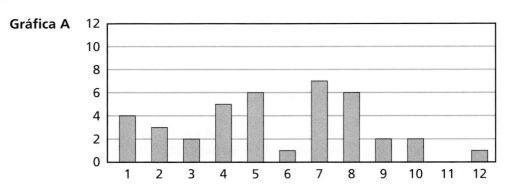

Gráfica B
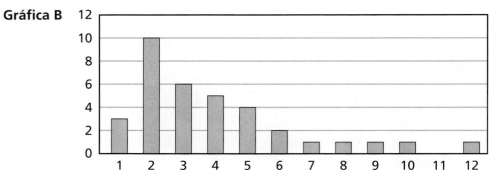

Gráfica C
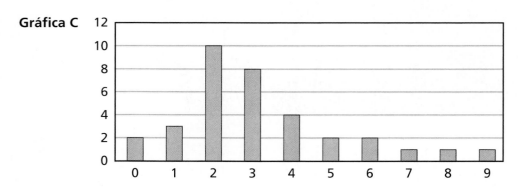

22. ¿Qué gráfica podría mostrar el número de niños que hay en las familias de los estudiantes? Explica tu respuesta.

23. ¿Qué gráfica podría mostrar los meses de nacimiento de los estudiantes? Explica tu respuesta. **Pista:** Los meses a menudo se escriben usando números en lugar de nombres. Por ejemplo, 1 significa enero, 2 significa febrero, etc.

24. ¿Qué gráfica podría mostrar el número de ingredientes que a los estudiantes les gusta agregar a su pizza? Explica tu respuesta.

25. Anota un título posible, un rótulo para el eje vertical y un rótulo para el eje horizontal para cada gráfica, según tus respuestas a los Ejercicios 22 a 24.

Para los Ejercicios 26 a 31, usa la gráfica de abajo. La gráfica muestra el número de botellas de jugo que 100 estudiantes de escuela intermedia beben en un día.

Botellas de jugo consumidas por estudiantes en un día

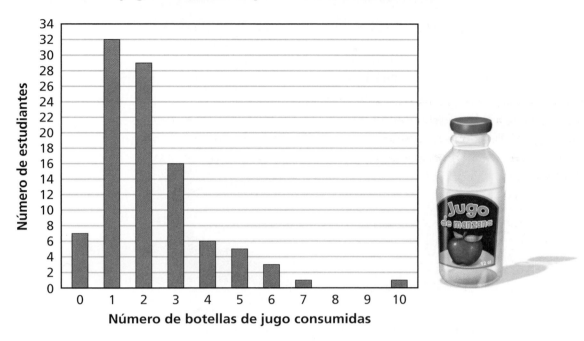

26. Un estudiante usó esta gráfica para estimar que la mediana del número de botellas de jugo que consumen los estudiantes en un día es cinco. ¿Cómo puedes saber que esta estimación no es correcta sin hallar la mediana?

27. Otro estudiante estima que la mediana del número de botellas de jugo es 1. Explica por qué el estudiante no tiene razón.

28. Opción múltiple ¿Cuál es el rango de estos datos?

A. 9 botellas   **B.** 10 botellas   **C.** 11 botellas   **D.** 12 botellas

29. a. ¿Qué fracción de los estudiantes consumió dos botellas de jugo?

    b. ¿Qué fracción de los estudiantes consumió tres botellas de jugo?

30. ¿Cuál es el número total de botellas de jugo que estos 100 estudiantes consumen en un día? ¿Cómo determinaste tu respuesta?

31. ¿Son estos datos numéricos o categóricos? Explica tu respuesta.

Homework Help Online
PHSchool.com
Para: Ayuda con el Ejercicio 29, disponible en inglés
Código Web: ame-8129

32. Alex tiene una rata de 3 años. Se pregunta si su rata es vieja comparada con otras ratas. En la tienda de mascotas, averigua que la mediana de edad para una rata es $2\frac{1}{2}$ años.

    a. ¿Qué le dice la mediana a Alex sobre la expectativa de vida de una rata?

    b. ¿De qué modo le ayudaría a Alex conocer cómo varían los datos desde el valor menor al valor mayor para predecir la expectativa de vida de su rata?

Extensiones

Para los Ejercicios 33 a 39, usa las gráficas de barras siguientes.

Una tienda de tarjetas de felicitación vende adhesivos y carteles de calle con nombres. La tienda pidió 12 adhesivos y 12 carteles de calle para cada nombre. La tabla y las cuatro gráficas de barras muestran los números de adhesivos y carteles que quedan para los nombres que empiezan con la letra A.

Venta de adhesivos y carteles

Nombre	Adhesivos que quedan	Carteles que quedan
Aaron	1	9
Adam	2	7
Alicia	7	4
Allison	2	3
Amanda	0	11
Amber	2	3
Amy	3	3
Andrea	2	4
Andrew	8	6
Andy	3	5
Angela	8	4
Ana	10	7

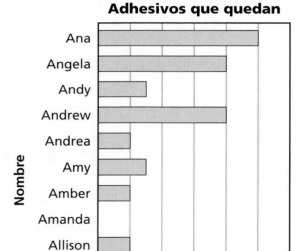

**Gráfica A:
Adhesivos que quedan**

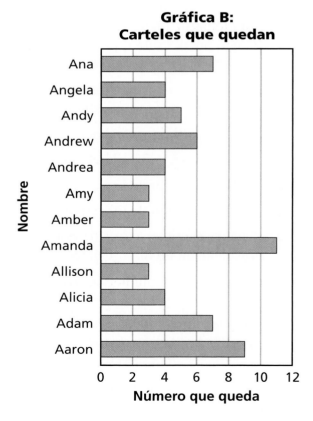

**Gráfica B:
Carteles que quedan**

Gráfica C: Adhesivos y carteles que quedan

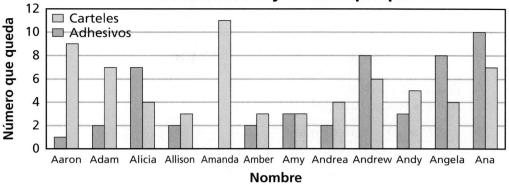

Gráfica D: Adhesivos y carteles que quedan

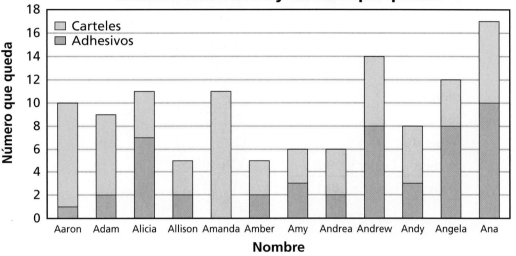

33. Usa la Gráfica A. ¿Cuántos adhesivos de Alicia quedan? ¿Cuántos adhesivos de Alicia se han vendido? Explica tu respuesta.

34. Usa la Gráfica B. ¿Cuántos carteles de Alicia quedan? ¿Cuántos carteles de Alicia se han vendido? Explica tu respuesta.

35. ¿Son los adhesivos más populares que los carteles? Explica tu respuesta.

36. Si cada adhesivo cuesta $1.50, ¿cuánto dinero ha recaudado la tienda vendiendo adhesivos de nombres que empiezan con la letra A?

37. ¿De qué nombre ha vendido más adhesivos la tienda? ¿De qué nombre ha vendido menos adhesivos?

38. La Gráfica C es una *gráfica de doble barra*. Usa esta gráfica para determinar de qué nombre(s) se vendió el mismo número de adhesivos y carteles.

39. La Gráfica D es una *gráfica de barras compuestas*. Usa esta gráfica para determinar si algunos nombres son más populares que otros. Justifica tu respuesta.

Para los Ejercicios 40 a 43, usa los datos de abajo.

Estos datos muestran los tipos de mascotas que tienen los estudiantes de escuela intermedia. De estos datos no podemos saber cuántos estudiantes se encuestaron. Sólo sabemos que se contaron 841 mascotas.

Tipos de mascota que tienen los estudiantes

Mascota	Frecuencia
pájaro	61
gato	184
perro	180
pez	303
jerbo	17
conejillo de Indias	12
hámster	32
caballo	28
conejo	2
serpiente	9
tortuga	13
Total	**841**

40. Haz una gráfica de barras para mostrar la distribución de estos datos. Piensa en cómo diseñarías y rotularías los ejes vertical y horizontal.

41. Usa la información que se muestra en tu gráfica para escribir un párrafo sobre las mascotas que tienen estos estudiantes. Compara estos datos con los datos del Problema 1.4.

42. Jane dijo que cerca del 50% de los animales eran pájaros, gatos o perros. ¿Estás o no de acuerdo? Explica tu respuesta.

43. ¿Cuál podría ser una buena estimación de cuántos estudiantes se encuestaron? (Usa los datos sobre el número de mascotas que tenía cada estudiante del Problema 1.4 como ayuda.) Explica tu respuesta.

Reflexiones matemáticas 1

En esta investigación aprendiste algunas maneras de describir lo que es típico de un conjunto de datos. Estas preguntas te ayudarán a resumir lo que has aprendido.

Piensa en las respuestas a estas preguntas. Comenta tus ideas con otros estudiantes y con tu maestro(a). Luego escribe un resumen de tus hallazgos en tu cuaderno.

1. ¿En qué se parecen una tabla de datos, un diagrama de puntos y una gráfica de barras? ¿En qué se diferencian?

2. ¿Qué te dice la moda sobre la distribución de un conjunto de datos? ¿Se puede usar la moda para describir tanto datos categóricos como datos numéricos?

3. ¿Qué te dice la mediana sobre la distribución de un conjunto de datos? ¿Se puede usar la mediana para describir tanto datos categóricos como datos numéricos?

4. ¿Pueden la moda y la mediana de un conjunto de datos ser los mismos valores? ¿Pueden ser diferentes? Explica tu respuesta.

5. ¿Por qué es útil dar el rango cuando describes la distribución de un conjunto de datos? ¿Puede usarse el rango para describir tanto datos categóricos como datos numéricos?

6. ¿Cómo se relaciona el rango de un conjunto de datos con cómo los datos varían del menor valor al mayor valor?

7. ¿Cómo puedes describir lo que es típico sobre la distribución de un conjunto de datos?

Proyecto de la unidad | ¿Qué viene después?

Para llevar a cabo un proyecto de investigación sobre las características del estudiante de escuela intermedia típico, necesitarás hacer preguntas. ¿Qué preguntas podrías hacer que tuvieran como respuesta datos categóricos? ¿Qué preguntas podrías hacer que tuvieran como respuesta datos numéricos? ¿Cómo mostrarías la información que recopilaras sobre cada una de estas preguntas? Anota tus ideas en tu cuaderno.

Usar gráficas para explorar datos

A veces los datos pueden estar esparcidos. Cuando estos datos se muestran en un diagrama de puntos o en una gráfica de barras no es fácil observar patrones. En esta investigación aprenderás a resaltar datos usando como muestras diagramas de tallo y hojas y diagramas de tallo y hojas dobles para ayudarte a encontrar patrones.

En Investigación 1, analizaste conjuntos individuales de datos. A veces es posible que quieras analizar si hay relación entre dos conjuntos de datos diferentes. En esta investigación aprenderás a mostrar datos en parejas a partir de dos conjuntos diferentes de datos usando una gráfica de coordenadas.

2.1 Viajar a la escuela

Mientras investigaban a qué hora se levantaban por la mañana, una clase de escuela intermedia se sorprendió al hallar que dos estudiantes se levantaban casi una hora antes que sus compañeros. Estos estudiantes dijeron que se levantaban antes porque tardaban mucho en llegar a la escuela. La clase se preguntó cuánto tardaba cada estudiante en llegar a la escuela. Los datos que se recopilaron están en la página siguiente.

Preparación para el problema

Usa la tabla de la página siguiente para contestar estas preguntas:

● ¿Qué tres preguntas hicieron los estudiantes?

● ¿Cómo pueden haber recopilado los datos sobre el tiempo de viaje los estudiantes?

● ¿Sería un diagrama de puntos una buena manera de mostrar los datos? ¿Por qué?

Tiempos y distancias a la escuela

Iniciales del estudiante	Tiempo (minutos)	Distancia (millas)	Modo de desplazamiento
DB	60	4.50	Autobús
DD	15	2.00	Autobús
CC	30	2.00	Autobús
FH	35	2.50	Autobús
SE	15	0.75	Auto
AE	15	1.00	Autobús
CL	15	1.00	Autobús
LM	22	2.00	Autobús
QN	25	1.50	Autobús
MP	20	1.50	Autobús
AP	25	1.25	Autobús
AP	19	2.25	Autobús
HCP	15	1.50	Autobús
KR	8	0.25	Caminando
NS	8	1.25	Auto
LS	5	0.50	Autobús
AT	20	2.75	Autobús
JW	15	1.50	Autobús
DW	17	2.50	Autobús
SW	15	2.00	Auto
NW	10	0.50	Caminando
JW	20	0.50	Caminando
CW	15	2.25	Autobús
BA	30	3.00	Autobús
JB	20	2.50	Autobús
AB	50	4.00	Autobús
BB	30	4.75	Autobús
MB	20	2.00	Autobús
RC	10	1.25	Autobús
CD	5	0.25	Caminando
ME	5	0.50	Autobús
CF	20	1.75	Autobús
KG	15	1.75	Autobús
TH	11	1.50	Autobús
EL	6	1.00	Auto
KLD	35	0.75	Autobús
MN	17	4.50	Autobús
JO	10	3.00	Auto
RP	21	1.50	Autobús
ER	10	1.00	Autobús

Los estudiantes deciden hacer un diagrama de tallo y hojas de los tiempos de desplazamiento. Un **diagrama de tallo y hojas** se ve como un tallo vertical con hojas a su derecha. A veces se llama simplemente *diagrama de tallo*.

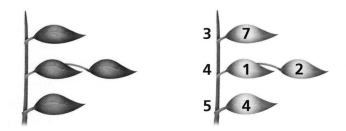

Para hacer un diagrama de tallo y hojas para representar los tiempos de desplazamiento, separa cada grupo de datos en un "tallo" a la izquierda y una "hoja" a la derecha.

Para estos datos, el "tallo" serán los dígitos de las decenas. Como los tiempos de desplazamiento incluyen valores de 5 a 60 minutos, el tallo serán los dígitos 0, 1, 2, 3, 4, 5 y 6.

- Haz una lista vertical de los dígitos de las decenas en orden de menor a mayor.

- Dibuja una línea a la derecha de los dígitos para separar el tallo de las "hojas".

0	
1	
2	
3	
4	
5	
6	

Las "hojas" serán los dígitos de las unidades. Para cada valor de los datos, añade una hoja junto al dígito de las decenas apropiado del tallo.

- El primer valor de dato es 60 minutos. Escribe un 0 junto al tallo de 6.

- El siguiente valor es 15 minutos. Escribe un 5 junto al tallo de 1.

- Los tiempos de desplazamiento de 30 y 35 se muestran con un 0 y un 5 junto al tallo de 3.

0	
1	5
2	
3	0 5
4	
5	
6	0

A. Usa los datos de Tiempos de desplazamiento a la escuela para hacer un diagrama de tallo y hojas. El diagrama ya se ha empezado.

0	
1	5 5 5 5
2	2 5 0
3	0 5
4	
5	
6	0

B. Ahora vuelve a dibujar el diagrama, poniendo los datos de cada hoja en orden de menor a mayor. Incluye un título para tu diagrama. También incluye una clave como la siguiente que explique cómo leer el diagrama.

Clave
2 | 5 significa 25 minutos

C. ¿Qué estudiante probablemente durmió hasta más tarde por la mañana? ¿Por qué lo crees?

D. ¿Qué estudiante probablemente se levantó más temprano? ¿Por qué lo crees?

E. ¿Cuál es la mediana de tiempo de desplazamiento de los datos? Explica cómo la hallaste.

F. ¿Cuál es el rango de tiempo de desplazamiento de los datos? Explica tu respuesta.

ACE La tarea empieza en la página 40.

Saltar a la cuerda

La clase de la Sra. Reid compitió contra la clase del Sr. Costo en un concurso de salto de cuerda. Cada estudiante dio tantos saltos como pudo. Otro estudiante contó los saltos y anotó el total. Las clases hicieron el *diagrama de tallo y hojas doble* de la derecha para mostrar sus datos. Observa este diagrama atentamente. Trata de averiguar cómo leerlo.

Cuando las dos clases compararon sus resultados, no estuvieron de acuerdo en qué clase lo hizo mejor.

- La clase del Sr. Costo dijo que el rango de sus datos era mucho mayor.

- La clase de la Sra. Reid dijo que eso es sólo porque una persona de su equipo saltó muchas más veces que el resto.

- La clase de la Sra. Reid afirmó que la mayoría de ellos saltó más veces que la mayoría de los estudiantes de la clase del Sr. Costo.

- La clase del Sr. Costo argumentó que incluso si no contaran a la persona con 300 saltos, ellos todavía lo hicieron mejor.

Número de saltos

Clase de la Sra. Reid		Clase del Sr. Costo
8 7 7 7 5 1 1	0	1 1 2 3 4 5 8 8
6 1 1	1	0 7
9 7 6 3 0 0	2	3 7 8
7 6 5 3	3	0 3 5
5 0	4	2 7 8
	5	0 2 3
2	6	0 8
	7	
9 8 0	8	
6 3 1	9	
	10	2 4
3	11	
	12	
	13	
	14	
	15	1
	16	0 0
	17	
	18	
	19	
	20	
	21	
	22	
	23	
	24	
	25	
	26	
	27	
	28	
	29	
	30	0

Clave: 7|3|0 significa 37 saltos para la clase de la Sra. Reid y 30 saltos para la clase del Sr. Costo

Problema 2.2 Comparar distribuciones

A. ¿Qué clase lo hizo mejor en total en el conjunto de salto de cuerda? Usa lo que sabes sobre estadísticas para justificar tu respuesta.

B. En la clase del Sr. Costo hay algunos números de saltos muy altos. Por ejemplo, un estudiante saltó 151 veces y otro estudiante saltó 300 veces. A estos datos los llamamos valores extremos. Los **valores extremos o atípicos** son valores de datos que están ubicados a mucha distancia del resto de los otros valores en un conjunto de datos. Halla otros dos valores extremos de la clase del Sr. Costo.

C. Un valor extremo puede ser un valor que se anotara incorrectamente, o puede ser una señal de que está ocurriendo algo especial. Todos los valores anotados para la clase del Sr. Costo son correctos. ¿Qué puede haberles pasado a los pocos estudiantes que saltaron muchas veces más que sus compañeros?

ACE La tarea empieza en la página 40.

En problemas anteriores trabajaste con una medida cada vez. Por ejemplo, observaste el número de letras en los nombres de los estudiantes y los tiempos de desplazamiento a la escuela. En este problema, observarás la relación entre dos medidas diferentes.

Si miras a tu alrededor a tus compañeros, puedes adivinar que la gente más alta tiene mayor amplitud de extensión de brazos. Pero, ¿hay de verdad relación entre la altura de una persona y la extensión de sus brazos? La mejor manera de averiguar más sobre esta pregunta es recopilar datos.

Aquí tienes los datos de altura y extensión de brazos (medida desde la punta de los dedos a la punta de los dedos) que una clase recopiló.

Medidas de altura y extensión de brazos

Iniciales	Altura (pulgadas)	Extensión de brazos (pulgadas)
NY	63	60
JJ	69	67
CM	73	75
PL	77	77
BP	64	65
AS	67	64
KR	58	58

Puedes mostrar dos valores de datos diferentes al mismo tiempo en **una gráfica de coordenadas**. Cada punto en una gráfica de coordenadas representa dos valores de datos. El eje horizontal, o **eje de *x*,** representa un valor de datos. El eje vertical, o **eje de *y*,** representa un segundo valor de datos. La gráfica de abajo muestra los datos de altura en el eje de *x* y los datos de la extensión de brazos en el eje de *y*. Cada punto de la gráfica representa la altura y la extensión de brazos de un estudiante.

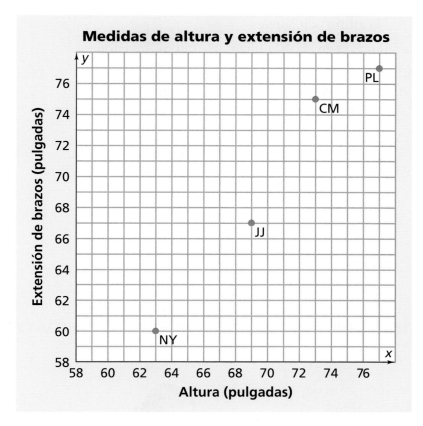

Estudia la tabla de los datos de la página anterior y la gráfica de coordenadas. Ya se han ubicado cuatro puntos y se han rotulado con las iniciales de los estudiantes. La ubicación de cada punto se muestra en la tabla de la derecha.

Inciales	Punto
NY	(63, 60)
JJ	(69, 67)
CM	(73, 75)
PL	(77, 77)

Preparación para el problema

- ¿Dónde ubicarías los puntos y las iniciales para las otras tres personas?
- ¿Por qué los ejes de la gráfica empiezan en (58, 58)?
- ¿Cómo se vería la gráfica si los ejes empezaran en (0, 0)?

Recopila la altura y la extensión de brazos de cada persona de tu clase. Haz una gráfica de coordenadas de tus datos. Usa la gráfica para contestar las preguntas.

A. Si sabes la medida de la extensión de brazos de una persona, ¿sabes su altura? Explica tu respuesta.

B. Dibuja una línea diagonal en la gráfica que represente los puntos en los que la extensión de brazos y la altura son iguales.

   1. ¿Cuántos puntos de datos caen en esta línea? ¿Cómo se relaciona la extensión de brazos con la altura para los puntos *en* la línea?

   2. ¿Cuántos puntos de datos caen por debajo de esta línea? ¿Cómo se relaciona la extensión de brazos con la altura para los puntos *por debajo* de la línea?

   3. ¿Cuántos puntos de datos caen por encima de esta línea? ¿Cómo se relaciona la extensión de brazos con la altura para los puntos *por encima* de la línea?

ACE **La tarea empieza en la página 40.**

2.4 Relacionar tiempos de desplazamiento con distancias

En el Problema 2.1 hiciste diagramas de tallo y hojas para mostrar datos sobre tiempos de desplazamiento a la escuela. Puedes usar los mismos datos para observar la relación entre el tiempo de desplazamiento y la distancia de casa a la escuela en una gráfica de coordenadas.

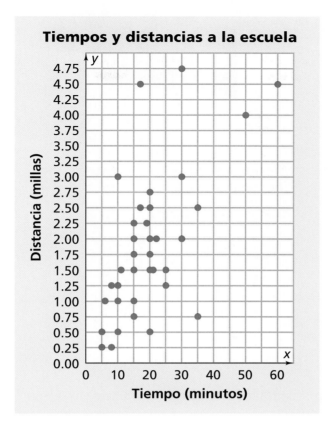

Tiempos y distancias a la escuela

Distancia (millas) / Tiempo (minutos)

Problema 2.4 Usar gráficas de coordenadas para buscar relaciones

Estudia la gráfica de arriba y los datos del Problema 2.1.

A. Copia la gráfica de coordenadas. Marca y rotula un punto con las iniciales del estudiante para los cinco primeros estudiantes de la tabla.

B. Si sabes el tiempo de desplazamiento de un estudiante, ¿qué sabes sobre la distancia a la escuela de ese estudiante? Usa la gráfica para justificar tu respuesta.

C. Ubica cada grupo de puntos en la gráfica de coordenadas. ¿Qué puedes decir sobre el tiempo de desplazamiento y la distancia a la escuela para los estudiantes representados por estos puntos?

1. (17, 4.50) y (60, 4.50)

2. (30, 2.00), (30, 3.00) y (30, 4.75)

3. (17, 4.50) y (30, 4.75)

D. 1. ¿Por qué los ejes tienen escalas diferentes?

2. ¿Cómo se vería la gráfica si ambos ejes usaran la misma escala?

ACE La tarea empieza en la página 40.

online
Para: Herramientas de estadística, disponibles en inglés
Visita: PHSchool.com
Código Web: amd-8204

Aplicaciones

Para los Ejercicios 1 a 4, usa el diagrama de tallo y hojas de la derecha.

Tiempo de desplazamiento a la escuela de los estudiantes

0	3 3 5 7 8 9
1	0 2 3 5 6 6 8 9
2	0 1 3 3 3 5 5 8 8
3	0 5
4	5

Clave: 2|5 significa 25 min

1. **Opción múltiple** ¿Cuántos estudiantes tardaron 10 minutos en llegar a la escuela?

   A. 1   **B.** 9   **C.** 10   **D.** 19

2. **Opción múltiple** ¿Cuántos estudiantes tardaron 15 minutos o más en llegar a la escuela?

   F. 10   **G.** 16   **H.** 17   **J.** 25

3. ¿Cuántos estudiantes hay en la clase? Explica tu respuesta.

4. ¿Cuál es el tiempo típico que tardaron estos estudiantes en llegar a la escuela? Explica tu respuesta.

Para los Ejercicios 5 a 8, usa la tabla de la página siguiente.

5. Haz un diagrama de tallo y hojas para la edad de los estudiantes. Ya se ha empezado el diagrama por ti a la derecha. Fíjate que el primer valor en el tallo es 6, porque no hay valores menores que 60 meses.

6. ¿Qué edad, en años, representa el intervalo 80 a 89 meses?

7. ¿Cuál es la mediana de edad de estos estudiantes?

8. **a.** En una hoja de papel cuadriculado, haz una gráfica de coordenadas. Muestra la edad (en meses) en el eje horizontal y la altura (en centímetros) en el eje vertical. Para ayudarte a escoger una escala para cada eje, observa los valores mayor y menor de cada medida.

   b. Explica cómo puedes usar tu gráfica para averiguar si el estudiante más joven es también el más bajo.

6	
7	
8	
9	
10	
11	
12	
13	
14	
15	

c. Usa tu gráfica para describir lo que les pasa a las alturas de los estudiantes a medida que los estudiantes se hacen mayores.

d. ¿Qué pasaría a la gráfica si la ampliaras para incluir a gente al final de la adolescencia o al principio de los veinte años? Explica tu respuesta.

Edad, altura y longitud del pie de los estudiantes

Edad (me)	Altura (cm)	Longitud del pie (cm)	Edad (me)	Altura (cm)	Longitud del pie (cm)
76	126	24	148	164	26
73	117	24	140	152	22
68	112	17	114	135	20
78	123	22	108	135	22
81	117	20	105	147	22
82	122	23	113	138	22
80	130	22	120	141	20
90	127	21	120	146	24
101	127	21	132	147	23
99	124	21	132	155	21
103	130	20	129	141	22
101	134	21	138	161	28
145	172	32	152	156	30
146	163	27	149	157	27
144	158	25	132	150	25

9. La gráfica de coordenadas de abajo muestra los datos de la altura y la longitud de pie de la tabla de la página anterior. Fíjate en que la escala en el eje de *x* usa intervalos de 5 centímetros y la escala en el eje de *y* usa intervalos de 1 centímetro.

Altura y longitud del pie de los estudiantes

a. Si sabes la longitud del pie de una persona, ¿puedes saber la altura de la persona? Explica tu respuesta.

b. Halla la mediana de la altura y la mediana de la longitud del pie. Aproximadamente, la mediana de altura es ¿cuántas veces más que la mediana de la longitud del pie?

c. Mide la longitud de tu pie en centímetros. Aproximadamente, tu altura es ¿cuántas veces la longitud de tu pie?

d. Mira tus respuestas para las partes (b) y (c). ¿Cómo puedes usar esta información para contestar la parte (a)? Explica tu respuesta.

e. ¿Cómo se vería la gráfica si empezaras los ejes en 0?

Conexiones

10. a. Usa los datos de la tabla de Edad, altura y longitud del pie de los estudiantes de los Ejercicios 5 a 8. Haz un diagrama de tallo y hojas para la altura de los estudiantes.

b. Describe cómo hacer un diagrama de puntos de la altura de los estudiantes. ¿Cuáles son el valor menor y mayor de los datos? ¿Cómo te ayuda esto a hacer el diagrama de puntos?

c. Describe cómo hacer una gráfica de barras de la altura de los estudiantes. ¿Cuáles son el valor menor y mayor de los datos? ¿Cómo te ayuda esto a hacer la gráfica?

d. ¿Por qué mostrarías estos datos usando un diagrama de tallo y hojas en lugar de un diagrama de puntos o una gráfica de barras?

11. La tabla de abajo muestra algunos de los datos de Edad, altura y longitud del pie en centímetros. La tabla incluye dos columnas nuevas. Copia y completa la tabla para mostrar las alturas y longitudes de pie en metros.

Para: Ayuda con el Ejercicio 11, disponible en inglés
Código Web: ame-8211

a. Redondea la altura de cada estudiante al décimo de metro más cercano.

b. Haz un diagrama de puntos para mostrar estos datos de la altura redondeados.

c. ¿Cuál es la altura típica para estos estudiantes en metros? Explica tu respuesta.

Edad, altura y longitud del pie de los estudiantes

Edad (me)	Altura (cm)	Altura (m)	Longitud del pie (cm)	Longitud del pie (m)
76	126	▦	24	▦
73	117	▦	24	▦
68	112	▦	17	▦
78	123	▦	22	▦
81	117	▦	20	▦
82	122	▦	23	▦
80	130	▦	22	▦
90	127	▦	21	▦
138	161	▦	28	▦
152	156	▦	30	▦
149	157	▦	27	▦
132	150	▦	25	▦

12. La gráfica circular muestra la porción de tiempo que Harold pasó haciendo tarea para cada asignatura la semana pasada.

Tiempo pasado haciendo tarea

a. Si Harold pasó dos horas haciendo tarea de matemáticas, aproximadamente ¿cuántas horas pasó haciendo tarea en total?

b. Aproximadamente, ¿qué porcentaje de su tiempo pasó Harold haciendo tarea de matemáticas, ciencias e historia? Explica tu respuesta.

Extensiones

Para los Ejercicios 13 y 14, usa los datos de saltar a la cuerda de la página siguiente.

13. Haz un diagrama de tallo y hojas doble que compare las niñas de la clase de la Sra. Reid con las niñas de la clase del Sr. Costo o los niños de la clase de la Sra. Reid con los niños de la clase del Sr. Costo. ¿Lo hicieron las niñas (o niños) de una clase mejor que las niñas (o niños) de la otra? Explica tu razonamiento.

14. Haz un diagrama de tallo y hojas doble que compare las niñas de ambas clases con los niños de ambas clases. ¿Lo hicieron las niñas mejor que los niños? Explica tu respuesta.

Número de saltos

Datos de la clase de la Sra. Reid		Datos de la clase del Sr. Costo	
Niño	5	Niño	1
Niño	35	Niño	30
Niña	91	Niño	28
Niño	62	Niño	10
Niña	96	Niña	27
Niña	23	Niña	102
Niño	16	Niño	47
Niño	1	Niño	8
Niño	8	Niña	160
Niño	11	Niña	23
Niña	93	Niño	17
Niña	27	Niño	2
Niña	88	Niña	68
Niño	26	Niño	50
Niño	7	Niña	151
Niño	7	Niño	60
Niño	1	Niño	5
Niño	40	Niña	52
Niño	7	Niña	4
Niño	20	Niña	35
Niña	20	Niño	160
Niña	89	Niño	1
Niño	29	Niño	3
Niño	11	Niño	8
Niño	113	Niña	48
Niño	33	Niño	42
Niña	45	Niño	33
Niña	80	Niña	300
Niño	36	Niña	104
Niña	37	Niña	53

15. Un grupo de estudiantes desafió a otro para ver quién podría acercarse más a adivinar el número de semillas en su calabaza. Los datos que recopilaron se muestran en la tabla y la gráfica.

Número de semillas en las calabazas

Estimación	Real
630	309
621	446
801	381
720	505
1,900	387
1,423	336
621	325
1,200	365
622	410
1,000	492
1,200	607
1,458	498
350	523
621	467
759	423
900	479
500	512
521	606
564	494
655	441
722	455
202	553
621	367
300	442
200	507
556	462
604	384
2,000	545
1,200	354
766	568
624	506
680	486
605	408
1,100	387

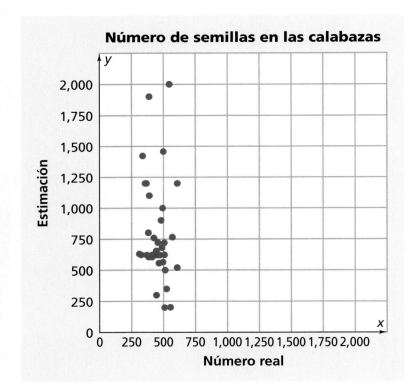

Número de semillas en las calabazas

a. ¿De qué te das cuenta sobre cómo varían los números reales? ¿Cuáles son la mediana y el valor menor y mayor de los números reales?

b. ¿De qué te das cuenta sobre cómo varían las estimaciones? ¿Cuáles son la mediana y el valor menor y mayor de las estimaciones?

c. Haz tu propia gráfica de coordenadas de los datos. Dibuja una línea diagonal en la gráfica que conecte los puntos $(0, 0)$, $(250, 250)$, $(500, 500)$, hasta $(2{,}250, 2{,}250)$.

d. ¿Qué es cierto sobre las estimaciones comparadas con los números reales de los puntos cercanos a la línea que dibujaste?

e. ¿Qué es cierto sobre las estimaciones comparadas con los números reales de los puntos por encima de la línea?

f. ¿Qué es cierto sobre las estimaciones comparadas con los números reales de los puntos por debajo de la línea?

g. En general, ¿hicieron buenas estimaciones los estudiantes? Usa lo que sabes sobre la mediana y el rango para explicar tu razonamiento.

h. Las escalas de los ejes son iguales, pero los datos están muy juntos. ¿Cómo cambiarías la escala para mostrar mejor los puntos de los datos?

Reflexiones matemáticas

En esta investigación aprendiste cómo hacer diagramas de tallo y hojas como modo de agrupar un conjunto de datos para poder estudiar su forma. También aprendiste cómo hacer y leer gráficas de coordenadas. Las gráficas de coordenadas te ayudan a examinar dos cosas a la vez para poder buscar relaciones entre ellas. Estas preguntas te ayudarán a resumir lo que has aprendido.

Piensa en las respuestas a estas preguntas. Comenta tus ideas con otros estudiantes y con tu maestro(a). Luego escribe un resumen de tus hallazgos en tu cuaderno.

1. Describe cómo ubicar la mediana y el rango usando un diagrama de tallo.

2. Cuando haces una gráfica de coordenadas de pares de datos, ¿cómo determinas dónde ubicar cada punto?

3. ¿Qué tienes en cuenta cuando escoges una escala para cada eje de una gráfica de coordenadas?

4. Los datos numéricos se pueden mostrar usando más de un tipo de gráfica. ¿Cómo decides cuándo usar un diagrama de puntos, una gráfica de barras, un diagrama de tallo y hojas o una gráfica de coordenadas?

Proyecto de la unidad | ¿Qué viene después?

Piensa en la encuesta que harás sobre los estudiantes de escuela intermedia. ¿Qué tipos de preguntas podrías hacer que incluyeran usar un diagrama de tallo y hojas para mostrar los datos? ¿Puedes organizar los datos en dos grupos y usar un diagrama de tallo y hojas doble para ayudarte a comparar los datos?

Investigación 3

¿Qué quiere decir *media*?

El uso principal del Censo de los Estados Unidos es averiguar cuánta gente vive en los Estados Unidos. El censo proporciona información útil sobre el tamaño de un hogar. En el censo, el término *hogar* quiere decir toda la gente que vive en una "unidad de vivienda" (como una casa, un apartamento o una habitación en una pensión).

En investigaciones anteriores, usaste la mediana y la moda para describir un conjunto de datos. Otra medida de tendencia central es la *media*. Es la medida de tendencia central de datos numéricos que se usa más comúnmente. Otra palabra que se usa a menudo para indicar la media de un conjunto de datos es *promedio*.

3.1 Hallar la media

Seis estudiantes en una clase de escuela intermedia usan las instrucciones del Censo de los Estados Unidos para hallar el número de personas en sus hogares. Cada estudiante hace una torre de cubos para mostrar el número de personas de su hogar.

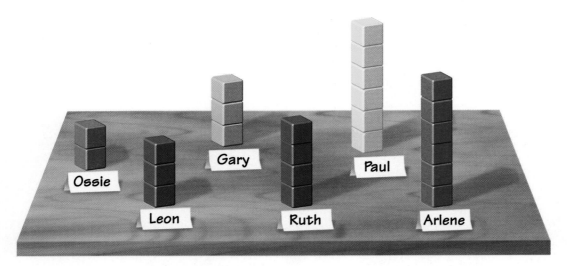

Puedes ver por las torres que los seis hogares tienen distintos tamaños.

Preparación para el problema 3.1

Usa cubos y haz torres como las que se muestran arriba. Usa las torres para contestar las preguntas:

- ¿Cuál es la media de estos datos?
- ¿Cuál es la moda de estos datos?

Haz torres de la misma altura moviendo los cubos.

- ¿Cuántos cubos hay en cada torre?
- El promedio de altura de torre que hallaste representa la media de las personas en un hogar. ¿Cuál es la media de personas en un hogar?

Otro grupo de estudiantes hizo la tabla de abajo.

Tamaño del hogar

Nombre	Número de personas
Reggie	6
Tara	4
Brendan	3
Félix	4
Hector	3
Tonisha	4

A. Haz torres de cubos para mostrar el tamaño de cada hogar.

    1. ¿Cuántas personas hay en los seis hogares en total? Explica tu respuesta.

    2. ¿Cuál es la media de personas por hogar? Explica tu respuesta.

    3. ¿En qué se parece o diferencia la media para estos datos comparada con la media para los datos de Preparación?

B. ¿De qué maneras puedes determinar la media de un conjunto de datos usando cubos?

ACE La tarea empieza en la página 56.

Los diagramas de puntos de abajo muestran dos distribuciones diferentes con la misma media.

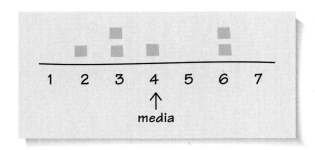

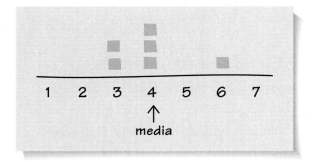

Preparación para el problema 3.2

- ¿Cuántos hogares hay en cada situación?
- ¿Cuál es el número total de personas en cada situación?
- ¿Cómo se relacionan estos datos con la media de cada clase?

A. Busca dos nuevos conjuntos de datos para seis hogares con una media de 4 personas por hogar cada uno. Usa cubos para mostrar cada conjunto de datos. Luego haz diagramas de puntos a partir de los cubos.

B. Halla dos conjuntos de datos diferentes para siete hogares con una media de 4 personas cada uno. Usa cubos para mostrar cada conjunto. Luego haz diagramas de puntos a partir de los cubos.

C. Un grupo de siete estudiantes halla que tienen una media de 3 personas por hogar. Halla un conjunto de datos que coincida con esta descripción. Luego haz un diagrama de puntos para estos datos.

D. 1. Un grupo de seis estudiantes tiene una media de $3\frac{1}{2}$ personas por hogar. Halla un conjunto de datos que coincida con esta descripción. Luego haz un diagrama de puntos para estos datos.

2. ¿Cómo puede la media ser $3\frac{1}{2}$ personas cuando "media" persona no existe?

3. ¿Cómo puedes predecir cuándo la media de personas por hogar no será un número entero?

ACE La tarea empieza en la página 56.

Un grupo de estudiantes de escuela intermedia contestó la siguiente pregunta: ¿Cuántas películas viste el mes pasado? La tabla y el diagrama de tallo muestran sus datos.

Películas vistas

Estudiante	Número
Joel	15
Tonya	16
Rachel	5
Swanson	18
Jerome	3
Leah	6
Beth	7
Mickey	6
Bhavana	3
Josh	11

Películas vistas

```
0 | 3 3 5 6 6 7
1 | 1 5 6 8
2 |
```
Clave: 1|5 significa 15 películas

Has hallado la media usando cubos para representar los datos. Es posible que conozcas el siguiente procedimiento para hallar la media: La **media** de un conjunto de datos es la suma de los valores divida por el número de valores en el conjunto.

Problema 3.3 Usar la media

A. Usa los datos de las películas para hallar cada número.
1. el número total de estudiantes
2. el número total de películas vistas
3. la media de películas vistas

B. Se añade un valor nuevo para Carlos, que estuvo en casa el mes pasado con una pierna rota. Vio 31 películas.
1. ¿Cómo cambia la distribución del diagrama de tallo el nuevo valor?
2. ¿Es este nuevo valor un valor extremo? Explica tu respuesta.
3. ¿Cuál es ahora la media de los datos?
4. Compara la media de la pregunta A con la nueva media. ¿De qué te das cuenta? Explica tu respuesta.

C. Se añaden los datos para ocho estudiantes más:

Tommy	5	Robbie	4
Alexandra	5	Ana	4
Trevor	5	Alicia	2
Kirsten	4	Brian	2

1. ¿Cómo cambia la distribución del diagrama de tallo con los datos añadidos?

2. ¿Son valores extremos algunos de los valores añadidos? Explica tu respuesta.

3. ¿Cuál es ahora la media de los datos?

4. Compara las medias que hallaste en las preguntas A y B con esta nueva media. ¿De qué te das cuenta? Explica tu respuesta.

D. 1. ¿Qué le pasa a la media de un conjunto de datos cuando añades uno o más valores que son valores extremos? Explica tu respuesta.

2. ¿Qué le pasa a la media de un conjunto de datos cuando añades uno o más valores que se agrupan cerca de uno de los extremos del conjunto de datos original? Explica tu respuesta.

3. Explica por qué piensas que estos cambios pueden ocurrir.

ACE La tarea empieza en la página 56.

Aplicaciones

Para los Ejercicios 1 y 2, usa el diagrama de puntos.

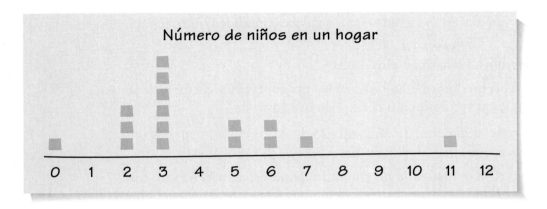

Número de niños en un hogar

1. **a.** ¿Cuál es la mediana del número de niños para los 16 hogares? Explica cómo hallar la mediana. ¿Qué te dice la mediana?

   b. ¿Tiene alguno de los 16 hogares la media de número de niños? Explica tu respuesta.

2. **a.** ¿Cuál es la media de niños para los 16 hogares? Explica cómo hallar la media. ¿Qué te dice la media?

   b. ¿Tiene alguno de los 16 hogares la media de número de niños? Explica tu respuesta.

Para los Ejercicios 3 y 4, la media de personas por hogar para ocho estudiantes es 6 personas.

3. **Opción múltiple** ¿Cuál es el número total de personas en los ocho hogares?

   A. 11   **B.** 16   **C.** 48   **D.** 64

4. **a.** Haz un diagrama de puntos mostrando una organización posible para los números de personas en los ocho hogares.

   b. Haz un diagrama de puntos mostrando una organización posible diferente para los números de personas en los ocho hogares.

   c. ¿Son las medianas iguales para las dos organizaciones que hiciste?

Go Online
PHSchool.com

Para: Destrezas de opción
múltiple, disponibles
en inglés
Código Web: ama-8354

5. Un grupo de nueve estudiantes tiene una media de $3\frac{1}{3}$ personas por hogar. Haz un diagrama de puntos mostrando un conjunto de datos que coincida con esta descripción.

6. Un grupo de nueve estudiantes tiene una media de 5 personas por hogar. El hogar más grande del grupo tiene 10 personas. Haz un diagrama de puntos mostrando un conjunto de datos que coincida con esta descripción.

Conexiones

7. Los estudiantes del grupo de estudio del Sr. Wilson han pasado la siguiente cantidad de tiempo haciendo la tarea.

$\frac{3}{4}$ hora $\qquad$ $\frac{1}{2}$ hora $\qquad$ $1\frac{1}{4}$ horas $\qquad$ $\frac{3}{4}$ hora $\qquad$ $\frac{1}{2}$ hora

¿Cuál es la media del tiempo que han pasado los estudiantes haciendo tarea?

8. Opción múltiple Usa los datos del Ejercicio 7. ¿Cuál es la mediana del tiempo que han pasado los estudiantes haciendo tarea?

F. $\frac{1}{2}$ hora $\qquad$ **G.** $\frac{3}{4}$ hora $\qquad$ **H.** 1 hora $\qquad$ **J.** $1\frac{1}{4}$ horas

9. Una liga de fútbol quiere hallar el promedio de la cantidad de agua que beben los jugadores por partido. Hay 18 jugadores en un equipo y 10 equipos en la liga. Los jugadores bebieron un total de 5,760 onzas de agua durante un día en el que cada equipo jugó exactamente un partido.

a. ¿Cuánta agua bebió cada jugador por partido si cada uno bebió la misma cantidad de agua?

b. ¿Representa este valor la mediana o la media? Explica tu respuesta.

10. Una tienda de alimentos vende nueve marcas diferentes de barras de granola. ¿Cuáles son los precios posibles para las nueve marcas si la media del precio es $2.66? Explica tu respuesta. Puedes usar dibujos como ayuda.

11. Ralph tiene un conejo que tiene 5 años. Se pregunta si su conejo es viejo comparado con otros conejos. Averiguó que la media de la longevidad de un conejo es 7 años.

    a. ¿Qué le dice a Ralph la media sobre la longevidad de un conejo?

    b. ¿Qué información adicional ayudaría a Ralph a predecir la longevidad de su conejo?

12. Sabrina, Diego y Marcus participaron en un concurso de baile que duró de 9 a.m. a 7 p.m. Abajo tienes el tiempo que bailó cada estudiante.

Homework
Help **Online**
PHSchool.com

Para: Ayuda con el Ejercicio 12, disponible en inglés
Código Web: ame-8312

Horario del concurso de baile

Estudiante	Tiempo
Sabrina	9:15 a.m. a 1:00 p.m.
Diego	1:00 p.m. a 4:45 p.m.
Marcus	4:45 p.m. a 7:00 p.m.

    a. Escribe como número mixto el tiempo que cada estudiante pasó bailando.

    b. Mira los datos de la parte (a). Sin hacer ningún cálculo, ¿crees que la media de tiempo bailando es más, menos o igual que la mediana? Explica tu razonamiento.

Para los Ejercicios 13 a 16, se hizo un estudio reciente de 3,000 niños entre 2 y 18 años. Los datos están en la tabla de abajo

Cómo pasaron el tiempo los niños

Actividad	Tiempo (minutos por día)
Viendo videos	39
Leyendo como diversión	44
Usando la computadora	21

13. ¿Vio videos 39 minutos por día cada niño? Explica tu respuesta.

14. Thelma decide redondear 39 minutos a 40 minutos. Luego estima que los niños pasaron aproximadamente $\frac{2}{3}$ de una hora viendo videos. ¿Qué porcentaje de una hora es $\frac{2}{3}$?

15. Estima qué parte de una hora pasaron los niños leyendo como diversión. Escribe tu respuesta como fracción y como decimal.

16. Los niños usan una computadora como diversión durante aproximadamente 20 minutos por día. ¿Cuántas horas pasan usando una computadora como diversión en 1 semana (7 días)? Escribe tu respuesta como fracción y como decimal.

17. Tres candidatos se presentan a alcalde de Slugville. Cada uno ha determinado los ingresos típicos para la gente de Slugville, usando esta información como ayuda para sus campañas.

El Alcalde Phillips se presenta para reelección. Dice: "¡Slugville va muy bien! El promedio de ingresos para cada persona es $2,000 a la semana!".

La candidata Lily Jackson dice: "Slugville es bonito, ¡pero necesita mi ayuda! El promedio de ingresos es de sólo $100 a la semana".

La candidata Ronnie Ruis dice: "¡Slugville tiene muchos problemas! El promedio de ingresos es $0 a la semana".

Algunos de los candidatos están confundidos sobre el "promedio". Slugville tiene sólo 16 residentes y sus salarios son $0, $0, $0, $0, $0, $0, $0, $0, $200, $200, $200, $200, $200, $200, $200 y $30,600.

a. Explica qué medida de tendencia central usó cada candidato como "promedio" de ingresos para el pueblo. Comprueba sus cálculos.

b. ¿Tiene alguna persona en Slugville los ingresos medios? Explica tu respuesta.

c. ¿Tiene alguna persona en Slugville ingresos que sean iguales a la mediana? Explica tu respuesta.

d. ¿Tiene alguna persona en Slugville ingresos que sean iguales a la moda? Explica tu respuesta.

e. ¿Cuál piensas que son los ingresos típicos de un residente de Slugville? Explica tu respuesta.

f. Supón que vienen a vivir a Slugville cuatro personas más. Cada una tiene unos ingresos semanales de $200. ¿Cómo cambiarían la media, la mediana y la moda?

18. Una encuesta reciente preguntó a 25 estudiantes de escuela intermedia cuántas películas habían visto en un mes. Los datos se muestran abajo. Fíjate que los datos varían de 1 a 30 películas.

Películas vistas

Estudiante	Número
Wes	2
Tomi	15
Ling	13
Su Chin	1
Michael	9
Mara	30
Alan	20
Jo	1
Tanisha	25
Susan	4
Gil	3
Enrique	2
Lonnie	3
Ken	10
Kristina	15
Mario	12
Henry	5
Julián	2
Alana	4
Tyrone	1
Rebecca	4
Anton	11
Jun	8
Raymond	8
Angélica	17

a. Haz un diagrama de tallo y hojas para mostrar estos datos. Describe la forma de los datos.

b. Halla la media del número de películas vistas por los estudiantes. Explica tu respuesta.

c. ¿Qué te dicen la media y cómo varían los datos sobre el número típico de películas que vio este grupo de estudiantes?

d. Halla la mediana del número de películas vistas. ¿Son la media y la mediana iguales? ¿Por qué crees que es así?

19. Seis estudiantes tenían un número diferente de plumas cada uno. Las pusieron juntas y luego las distribuyeron de modo que cada estudiante tuviera el mismo número de plumas.

   a. Escoge cuál de los siguientes podría ser el número de plumas que tenían en total. Explica tu razonamiento.

   A. 12   **B.** 18   **C.** 46   **D.** 48

   b. Usa tu respuesta de la parte (a). ¿Cuántas plumas tenía cada persona después de que se distribuyeran equitativamente?

   c. Tu compañero dice que hallar la media del número de plumas por persona es lo mismo que hallar el número de plumas que cada persona tenía después de haber distribuido las plumas equitativamente. ¿Estás o no de acuerdo? Explica tu respuesta.

Extensiones

Para los Ejercicios 20 y 21, usa el titular del periódico.

Noticias del día

Volumen I

¿Cuánta televisión es demasiada?

Los estudiantes de tercer grado pasan un promedio de 900 horas al año en la escuela y 1,170 horas viendo televisión

En un estudio realizado este año con 500 estudiant

20. ¿Crees que este titular se refiere a la media, a la mediana o a otra cosa? Explica tu respuesta.

21. Aproximadamente, ¿cuántas horas al día pasa viendo televisión un estudiante de tercer grado si pasa 1,170 horas al año viendo televisión?

22. Repasa los datos de saltar a la cuerda del Problema 2.2.

    a. ¿Cuáles son la mediana y la media para los datos de cada clase? ¿En qué se parecen o diferencian la mediana y la media de cada clase?

    b. ¿Debe la clase del Sr. Costo usar la mediana o la moda para comparar su actuación con la de la clase de la Sra. Reid? ¿Por qué?

    c. ¿Qué le pasa a la mediana de los datos de la clase del Sr. Costo si dejas fuera el dato del estudiante que saltó a la cuerda 300 veces? ¿Por qué pasa esto?

    d. ¿Qué le pasa a la media de los datos de la clase del Sr. Costo si dejas fuera el dato del estudiante que saltó a la cuerda 300 veces? ¿Por qué pasa esto?

    e. ¿Puede decir la clase de la Sra. Reid que lo hicieron mejor si la clase del Sr. Costo deja fuera el dato de los 300 saltos? Explica tu respuesta.

23. Un grupo de estudiantes de escuela intermedia contestó la pregunta: ¿Cuántas horas pasaste viendo televisión la semana pasada? La tabla de la derecha muestra sus datos.

    a. Usa los datos para hallar la media del número de programas de televisión que vieron.

    b. Se añade un valor nuevo para Albert. Él sólo vio 1 programa la semana pasada.

        i. ¿Es un valor extremo este nuevo valor?

        ii. ¿Cuál es ahora la media de los datos?

        iii. Compara esta media con la media que hallaste en la parte (a). ¿De qué te das cuenta? Explica tu respuesta.

Estudiante	Número de programas de TV vistos
Caleb	17
Malek	13
Jenna	20
Mario	8
Melania	11
Bennett	13
Anna	16

Reflexiones matemáticas

En esta investigación has explorado un tipo de medida de tendencia central llamado media. Es importante comprender esta media, o promedio, y relacionarlo con la moda y la mediana. Estas preguntas te ayudarán a resumir lo que has aprendido.

Piensa en las respuestas a estas preguntas. Comenta tus ideas con otros estudiantes y con tu maestro(a). Luego escribe un resumen de tus hallazgos en tu cuaderno.

1. Describe un método para calcular la media. Explica por qué funciona este método.

2. Has usado tres medidas de tendencia central: moda, mediana y media.

   a. ¿Por qué crees que se llaman "medidas de tendencia central"?

   b. ¿Qué te dice cada una de ellas sobre el conjunto de datos?

   c. ¿Por qué usarías la mediana en lugar de la media?

3. También has usado el rango y cómo varían los datos del menor valor al mayor valor para describir un conjunto de datos. ¿Por qué usarías éstos con una medida de tendencia central para describir un conjunto de datos?

4. Una vez que has recopilado los datos para contestar preguntas, debes decidir qué estadísticas puedes usar para describir tus datos.

   a. Un estudiante dice que sólo puedes usar la moda para describir datos categóricos, pero que puedes usar la moda, la mediana y la media para describir datos numéricos. ¿Tiene razón el estudiante? Explica tu respuesta.

   b. ¿Puedes usar el rango para datos categóricos? Explica tu respuesta.

Proyecto de la unidad | ¿Qué viene después?

Para tu proyecto de la unidad, estás desarrollando tu propia encuesta para recopilar información sobre los estudiantes de escuela intermedia. ¿Qué estadísticas puedes usar para describir los datos que puedas obtener para cada pregunta de tu encuesta?

Proyecto de la unidad

¿Hay alguien típico?

Puedes usar lo que has aprendido en *Datos sobre nosotros* para hacer una investigación estadística. Contesta la pregunta: "¿Cuáles son algunas de las características del estudiante de escuela intermedia típico?". Completa tu recopilación, análisis e interpretación de los datos. Luego haz un cartel, escribe un informe o busca alguna otra manera de mostrar tus resultados.

Tu investigación estadística debe tener cuatro partes:

- Hacer preguntas

  Decide qué información quieres recopilar. Es mejor que obtengas tanto datos numéricos como datos categóricos. Tus datos pueden incluir características físicas, características familiares, comportamientos (como aficiones), y preferencias u opiniones.

  Una vez que hayas decidido lo que quieres saber, escribe preguntas claras y apropiadas. Cada persona que haga tu encuesta debe interpretar la pregunta de igual manera. Para algunas preguntas, puedes dar opciones de respuesta. Por ejemplo, en vez de preguntar "¿Cuál es tu película favorita?", podrías preguntar "¿Qué película te gusta más?" y dar una lista de opciones.

- Recopilar los datos

  Puedes recopilar los datos sólo de tu clase o de un grupo más amplio de estudiantes. Decide cómo distribuir y recopilar la encuesta.

- Analizar los datos

  Una vez hayas recopilado los datos, organízalos, muéstralos y analízalos. Piensa en cómo vas a mostrar los datos y qué medidas de centro son más apropiadas para cada conjunto de valores de datos que obtuviste.

- Interpretar los resultados

  Usa los resultados de tu análisis para describir algunas características del estudiante típico de escuela intermedia. ¿Hay algún estudiante que encaje en todas las características "típicas" que hallaste?" Si no, explica por qué.

Trabajando en los problemas de esta unidad exploraste algunas ideas generales relacionadas con hacer investigaciones estadísticas. Aprendiste a

- usar un proceso de investigaciones estadísticas para hacer preguntas, recopilar y analizar datos, e interpretar los resultados

- representar datos usando gráficas de barras, diagramas de puntos, diagramas de tallo y hojas y gráficas de coordenadas

- explorar maneras de usar estadísticas como media, mediana, moda y rango para describir lo que es "típico" sobre los datos

- desarrollar una variedad de maneras de comparar conjuntos de datos

Go Online
PHSchool.com

Para: Práctica del repaso del vocabulario, disponible en inglés

Código Web: amj-8051

Usa lo que sabes: Razonamiento estadístico

Los naturalistas en sus estudios de poblaciones de animales salvajes a menudo usan razonamiento estadístico. Los datos de la tabla de la página siguiente muestran las longitudes (en pulgadas) y pesos (en libras) de 25 caimanes capturados en la parte central de Florida.

Longitudes y pesos de los caimanes capturados

Número de caimán	Longitud (pulgadas)	Peso (libras)
1	74	54
2	94	110
3	85	84
4	61	44
5	128	366
6	72	61
7	89	84
8	90	106
9	63	33
10	82	80
11	114	197
12	69	36
13	86	83

Número de caimán	Longitud (pulgadas)	Peso (libras)
14	88	70
15	58	28
16	90	102
17	94	130
18	68	39
19	78	57
20	86	80
21	72	38
22	74	51
23	147	640
24	76	42
25	86	90

1. Piensa en las longitudes de los caimanes de la muestra.

   a. Haz una gráfica de las longitudes de los 25 caimanes. Describe la distribución de las longitudes en la gráfica.

   b. ¿Cuáles son las longitudes media y mediana? ¿Cuál usarías para describir la longitud típica de un caimán?

   c. ¿Cuáles son el rango y los valores menor y mayor de las longitudes?

2. Piensa en los pesos de los caimanes de la muestra.

   a. Haz una gráfica de los pesos de los 25 caimanes. Describe la distribución de los pesos en la gráfica.

   b. ¿Cuáles son la media y la mediana de los pesos? ¿Cuál usarías para describir el peso típico de un caimán?

   c. ¿Cuáles son el rango y los valores menor y mayor de los pesos?

3. a. Haz una gráfica de coordenadas de los datos (*longitud, peso*).

   b. ¿De qué te das cuenta sobre la relación entre la longitud y el peso de los caimanes de la muestra que tienen

   i. 61 y 63 pulgadas de longitud?   **ii.** 82, 85 y 86 pulgadas de longitud?

   iii. 90, 94 y 114 pulgadas de longitud?

   c. ¿Qué peso predecirías para un caimán que tiene

   i. 70 pulgadas de longitud?   **ii.** 100 pulgadas de longitud?

   iii. 130 pulgadas de longitud?

   d. ¿Crees que es posible hacer una buena estimación del peso de un caimán si conoces su longitud?

Explica tu razonamiento

Cuando describes un grupo de datos, buscas la forma de la distribución de los datos. A menudo puedes visualizar patrones usando gráficas.

4. ¿Cómo te ayudan la media y la mediana a describir la distribución de los datos en un conjunto de datos?

5. ¿Cómo te ayudan el rango y la variación de los datos del menor al mayor valor a describir la distribución de los datos en un conjunto de datos?

6. ¿Cómo sabes cuándo usar cada una de las gráficas para mostrar datos numéricos?

   a. diagramas de puntos   **b.** diagramas de tallo y hojas
   c. gráficas de coordenadas

7. ¿Qué quiere decir que la extensión de brazos de una persona *está relacionada con* su altura, o que el peso de un caimán *está relacionado con* su longitud?

Mira adelante

Las ideas sobre estadísticas y análisis de datos que has aprendido en esta unidad se usarán y expandirán en una variedad de futuras unidades de *Connected Mathematics*. En *Distribuciones de datos* explorarás cómo varían los datos y maneras de comparar conjuntos de datos. En *Muestras y poblaciones*, explorarás el muestreo, comparar muestras y comparar distintas variables en una muestra. También verás que varios temas estadísticos y resúmenes de datos aparecen en informes de noticias cotidianos y en el trabajo técnico de la ciencia, los negocios y el gobierno.

Glosario español/inglés

datos Valores como cómputos, calificaciones, medidas u opiniones que se recopilan para responder a preguntas. Los datos en esta tabla representan las temperaturas medias en tres ciudades.

data Values such as counts, ratings, measurements, or opinions that are gathered to answer questions. The data in this table show mean temperatures in three cities.

Temperaturas diarias medias

Ciudad	Temperatura media (°F)
Mobile, Ala.	67.5
Boston, Mass.	51.3
Spokane, Wash.	47.3

datos categóricos Valores que son "palabras" que representan respuestas posibles en una categoría dada. Se pueden contar las frecuencias de los valores para una categoría dada. La siguiente tabla muestra ejemplos de categorías y sus posibles valores.

categorical data Data that are "words" that represent possible responses within a given category. Frequency counts can be made of the values for a given category. The table below shows examples of categories and their possible values.

Categoría	Valores posibles
Mes de nacimiento	enero, febrero, marzo
Color de ropa favorito	magenta, azul, amarillo
Tipo de mascota	gatos, perros, peces, caballos

datos numéricos Valores que son números como, por ejemplo, cómputos, medidas y calificaciones. Aquí hay algunos ejemplos.

- Número de hijos e hijas en las familias
- Pulsaciones por minuto (número de latidos del corazón por minuto)
- Altura
- Cantidad de tiempo que las personas pasan leyendo en un día
- El valor que las personas le dan a algo, como por ejemplo: en una escala de 1 a 5, en la que 1 representa "poco interés", ¿cómo calificarías tu interés por participar en el día de campo de tu escuela?

numerical data Values that are numbers such as counts, measurements, and ratings. Here are some examples.

- Number of children in families
- Pulse rates (number of heart beats per minute)
- Height
- Amount of time people spend reading in one day
- Amount of value placed on something, such as: on a scale of 1 to 5 with 1 as "low interest," how would you rate your interest in participating in the school's field day?

diagrama de puntos Una manera rápida y sencilla de organizar datos en una recta numérica donde las X (u otros símbolos) colocadas encima de un número representan la frecuencia con que se menciona cada valor.

line plot A quick, simple way to organize data along a number line where the Xs (or other symbols) above a number represent how often each value is mentioned.

Número de hermanos que tienen los estudiantes

Número de hermanos

diagrama de tallo y hojas Una manera rápida de representar la forma de una distribución y al mismo tiempo incluir los valores numéricos reales en la gráfica. Para un número como 25, el tallo 2 se escribe a la izquierda de la recta vertical, y la hoja 5, a la derecha de la recta.

stem-and-leaf plot (stem plot) A quick way to picture the shape of a distribution while including the actual numerical values in the graph. For a number like 25, the stem 2 is written at the left of the vertical line, and the leaf, 5 is at the right.

Tiempo de desplazamiento

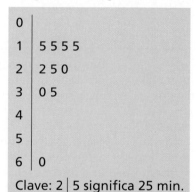

Clave: 2 | 5 significa 25 min.

eje de x Recta numérica horizontal que se usa para hacer una gráfica.

x-axis The horizontal number line used to make a graph.

eje de y Recta numérica vertical que se usa para hacer una gráfica.

y-axis The vertical number line used to make a graph.

Glosario español/inglés

encuesta Un método para reunir datos que utiliza entrevistas. En las encuestas se hacen preguntas para averiguar información tal como hechos, opiniones o creencias.

survey A method for collecting data that uses interviews. Surveys ask questions to find out information such as facts, opinions, or beliefs.

escala El tamaño de las unidades en un eje de una gráfica o recta numérica. Por ejemplo, cada marca en el eje vertical puede representar 10 unidades.

scale The size of the units on an axis of a graph or number line. For instance, each mark on the vertical axis might represent 10 units.

gama Diferencia entre el valor mínimo y máximo en una distribución. Por ejemplo, en la siguiente distribución, la gama del número de hermanos o hermanas es 8 personas.

range The difference between the least value and the greatest value in a distribution. For example, in the distribution below, the range of the number of siblings is 8 people.

Número de hermanos que tienen los estudiantes

```
                  ✗
    ✗        ✗  ✗        ✗
    ✗   ✗   ✗  ✗  ✗  ✗
    ✗   ✗   ✗  ✗  ✗  ✗  ✗          ✗
    0   1   2   3   4   5   6   7   8
```

Número de hermanos

gráfica de barras (tabla de barras)
Representación gráfica de una tabla de datos en la que la altura o longitud de cada barra indica su frecuencia. Las barras están separadas entre sí para subrayar que los datos son discretos o "contados". En una gráfica de barras vertical, el eje horizontal representa los valores o categorías, y el eje vertical representa la frecuencia o el cómputo de cada uno de los valores o categorías en el eje horizontal. En una gráfica de barras horizontal, el eje vertical representa los valores o categorías, y el eje horizontal representa las frecuencias.

bar graph (bar chart) A graphical representation of a table of data in which the height or length of each bar indicates its frequency. The bars are separated from each other to highlight that the data are discrete or "counted" data. In a vertical bar graph, the horizontal axis shows the values or categories, and the vertical axis shows the frequency or tally for each of the values or categories on the horizontal axis. In a horizontal bar graph, the vertical axis shows the values or categories, and the horizontal axis shows the frequencies.

Gráfica de barras verticales

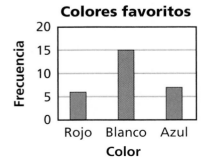

Gráfica de barras horizontales

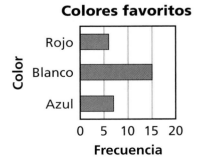

gráfica de coordenadas Representación gráfica en la que se usan puntos para denotar los pares de valores numéricos relacionados. Para cada punto, las dos coordenadas del punto dan los valores numéricos asociados en el orden apropiado. En la tabla de abajo, la coordenada *x* podría representar la altura y la coordenada *y* podría representar la longitud del brazo. La gráfica de coordenadas sería como la que está debajo de la tabla.

coordinate graph A graphical representation in which points are used to denote pairs of related numerical values. For each point, the two coordinates of the point give the associated numerical values in the appropriate order. Using the table below, the *x*-coordinate could represent height, and the *y*-coordinate could represent arm span. The coordinate graph would look like the one below the table.

Medidas de la altura y la extensión de los brazos

Iniciales	Altura (pulgadas)	Extensión de los brazos (pulgadas)
JJ	69	67
NY	63	60
CM	73	75
PL	77	77

Medidas de la altura y la extensión de los brazos

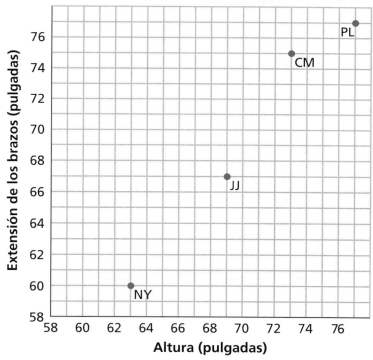

M

media Un valor que representa la nivelación de los valores en un conjunto de datos. Si todos los datos tuvieran el mismo valor, la media sería ese valor. Por ejemplo, el número total de hermanos y hermanas para los datos en el diagrama de puntos de la página 69 es de 56. Si los 19 estudiantes tuvieran la misma cantidad de hermanos y hermanas, cada uno tendría aproximadamente 3 hermanos o hermanas. Las diferencias de la media se "equilibran" de tal manera que la suma de las diferencias por encima y por debajo de la media es igual a 0. La media de un conjunto de datos es la suma de los valores dividido por el número de valores en el conjunto.

mean A value that represents the evening out of the values in a set of data. If all the data had the same value, the mean would be that value. For example, the total number of siblings for the line plot data on page 69 is 56 siblings. If all 19 students had the same number of siblings, they would each have about 3 siblings. Differences from the mean "balance out" so that the sum of differences below and above the mean equal 0. The mean of a set of data is the sum of the values divided by the number of values in the set.

mediana El valor numérico que señala la mitad en un conjunto ordenado de datos. La mitad de los datos ocurre encima de la mediana y la otra mitad de los datos ocurre debajo de la mediana. La mediana de la distribución de hermanos y hermanas es 3 porque el décimo valor (el del medio) en el conjunto ordenado de 19 valores (0, 0, 0, 1, 1, 2, 2, 2, 2, 3, 3, 3, 4, 4, 5, 5, 5, 6, 8) es 3 hermanos o hermanas.

median The numerical value that marks the middle of an ordered set of data. Half the data occur above the median, and half the data occur below the median. The median of the distribution of siblings is 3 because the tenth (middle) value in the ordered set of 19 values (0, 0, 0, 1, 1, 2, 2, 2, 2, 3, 3, 3, 4, 4, 5, 5, 5, 6, 8) is 3 siblings.

moda En una distribución, es la categoría o el valor numérico que ocurre con mayor frecuencia. La moda de la distribución de hermanos o hermanas es 2. Es posible que un conjunto de datos tenga más de una moda.

mode The category or numerical value that occurs most often. The mode of the distribution of siblings is 2. It is possible for a set of data to have more than one mode.

T

tabla Una herramienta para organizar información en filas y columnas. Las tablas permiten que se hagan listas de categorías o de valores y luego se computan los sucesos.

table A tool for organizing information in rows and columns. Tables let you list categories or values and then tally the occurrences.

Colores Favoritos

Color	Número de estudiantes
Rojo	6
Blanco	15
Azul	9

V

valor extremo o atípico Valor que se sitúa lejos del "centro" de una distribución. El valor extremo es un término relativo, pero indica un dato que es mucho más alto o mucho más bajo que los valores que se podrían esperar normalmente de la distribución.

outlier A value that lies far from the "center" of a distribution. Outlier is a relative term, but it indicates a data point that is much higher or much lower than the values that could be normally expected for the distribution.

72   Datos sobre nosotros

Índice

Agradecimientos

Créditos del equipo

A continuación se mencionan las personas que formaron parte del equipo de **Connected Mathematics2** tanto en el área editorial, como en servicios editoriales, y de diseño y producción. Los nombres de los miembros clave del equipo se presentan en negrita.

Leora Adler, Judith Buice, Kerry Cashman, Patrick Culleton, Sheila DeFazio, Richard Heater, **Barbara Hollingdale, Jayne Holman,** Karen Holtzman, **Etta Jacobs,** Christine Lee, Carolyn Lock, Catherine Maglio, **Dotti Marshall,** Rich McMahon, Eve Melnechuk, Kristin Mingrone, Terri Mitchell, **Marsha Novak,** Irene Rubin, Donna Russo, Robin Samper, Siri Schwartzman, **Nancy Smith,** Emily Soltanoff, **Mark Tricca,** Paula Vergith, Roberta Warshaw, Helen Young

Para el texto en español: Claudio Barriga, Marina Liapunov

Edición en español

CCI (Creative Curriculum Initiatives)

Otros créditos

Diana Bonfilio, Mairead Reddin, Michael Torocsik, nSight, Inc.

Ilustración

Michelle Barbera: 7, 20, 30, 59, 60

Ilustración técnica

WestWords, Inc.

Diseño de tapa

tom white.images

Fotos

2 t, Chris Pinchbeck/IPN; **2 m,** Kwame Zikomo/SuperStock; **2 b,** Michael Newman/PhotoEdit; **3,** Jeff Greenberg/Peter Arnold, Inc.; **6,** Kwame Zikomo/SuperStock; **9,** Ariadne Van Zandbergen/Lonely Planet Images; **13,** Steve Vidler/SuperStock; **15 l,** Rick Gomez/Corbis; **15 r,** Myrleen Ferguson Cate/PhotoEdit; **18,** Ron Kimball/Ron Kimball Stock; **20,** Chris Pinchbeck/IPN; **23,** Ellen Senisi/The Image Works; **33,** Ray Stott/The Image Works; **35,** Kwame Zikomo/SuperStock; **36,** Richard Haynes; **38,** David Young-Wolff/PhotoEdit; **41,** Ellen Senisi/The Image Works; 43, Richard Haynes; **44,** Journal-Courier/Steve Warmowski/The Image Works; **47,** Jim Cummins/Getty Images, Inc.; **49,** Ron Stroud/Masterfile; **53,** Creatas/PictureQuest; **55,** Michael Newman/PhotoEdit; **57,** Bob Daemmrich Photography; **62,** Syracuse Newspapers/The Image Works; **65,** Joe McDonald/Corbis